동학의 비결

동학의 비결

그 이치가 한마음에 있다

| 심국보 지음 |

수운 선생은 한울님을 위하는 글을 주문(呪文)이라 하셨다. 스스로에 대한 다짐과 각오를 다지는 글이 주문이기도 하다. 혹자는 주문을 주술적이고 미신적인 것으로 치부하기도 한다. 주문은 합리적이지 못하고, 세련되고 현대적이라기보다는 전근대적인 낡은 것, 조금은 덜떨어진 것이라며 꺼리는 사람도 있다. 그러나 동학 수행의 비결은 주문이다. 동학을 '잘한 다'는 것은 우선 주문공부 열심히 하는 것에서 시작된다. 아무리 생각해도 비결이란 게 별게 아니다. 비밀스러운 문구를 찾고 묘한 비법을 찾고, 신비한 방책을 탐구하는 것이 비결이 아니다.

도서출판 모시는사람들

머리말

만물의 결실을 맺는 가을이 오면, 산과 들에 억새가 지천으로 널리
고 드센 바람마저 불어옵니다.

천리장풍에 타는 불길!

억새밭에 거센 바람이 불고 불길은 걷잡을 수가 없습니다. 온 세상
을 태울 기세입니다. 얼마나 장쾌하고 호연합니까! 이 무렵이면 떠오
르는 의암 손병희 선생의 시 한 구절.

천리장풍에 일어나 타는 불같은 그 마음!

其心如火起燒千里長風

'그 마음'은 활활발발하여, 이른 새벽에 깃드는 고요한 마음과는 거
리가 있습니다.

그 마음은 나직이 외는 주문과 함께 오는 졸리는 듯한 마음이 아닙
니다.

그 마음은 한여름 휘몰아치는 거센 비바람 같아 측량키 힘든 마음

입니다. 소리 높여 외는 주문소리와 함께하는 강령, 두렵지만 기쁨이 샘솟는 마음이고, 참회의 눈물과 함께 솟아나는 참된 마음입니다.

그 마음은 쉼 없이 움직이고 역동하지만 혼란스럽지 않습니다.

그 마음은 천지보다 큰마음으로 우주 사이에 가득히 찰 만큼 장대하고 강하지만 어느 누구를 억압하거나 위압하지 않습니다.

그 마음은 천지를 이루어내고 만물을 생성할 만한 지극한 공덕이 있지만, 고요하고 편안하게 쌀 한 알 가운데도 감추어져 자신을 드러내지 않습니다.

그 마음은 보국안민의 계책을 고민하던 수운 최제우 선생의 마음입니다. 천리장풍에 타는 불같은 그 마음 때문에 우리나라에 영웅호걸이 많이 날 것이고, 그리하여 우리 도가 장차 우리나라 운수를 좋게 할 것이라고 해월 최시형 선생은 말씀하십니다.

"내가 사는 것은 누구를 위해 사는 것인가. 내가 사는 것은 창생을 위해 사는 것이라." 하신 의암 손병희 선생의 말씀도 그 마음에서 비롯되었습니다.

1980년, 그해 여름 한밤을 잊을 수가 없습니다. 밤늦게 집어 든 『간디 자서전』, '나의 진리 실험 이야기'라는 부제가 붙은 제법 두꺼운 책이었습니다. 밤을 꼬박 새워 읽고 얻은 결론이 '동학'이었습니다. 날이 밝자 서점으로 달려가 문고판 『동경대전』을 사서는 뜻도 모르면서 한 구절씩 필사를 한 기억이 생생합니다. 서른네 해 전, 갓 주문을 알고 열심이었던 그 마음, 이 역시 천리장풍에 타는 불같은 마음이었다고 기억합니다.

여름이 가면 가을이 오고 쇠운이 다하면 성운이 오듯, 산하의 큰 운수도 다 이 도에 돌아온다고 수운 선생은 말씀하십니다. 천리장풍에 타는 불같은 그 마음 없이 이것이 어떻게 가능하겠습니까?

동학혁명의 불길이 꺼진 지 120년이 지난 지금, 동학은 이 땅에서 제대로 자리도 잡지 못하고 있는데, 어찌 비결다운 비결이 있을 수 있겠습니까? 만약 비결이 있다면 '그 마음'뿐입니다. 천리장풍에 거세게 일어나는 불같은 그 마음이 바로 동학의 비결일 것입니다.

도움 받은 글이나 책 등은 가능한 출처를 밝혔지만 미처 출처를 밝히지 못한 것도 있습니다. 감사와 함께 널리 양해를 구합니다. 동학 관련 역사적 사실은 대부분 표영삼 선생님의 『동학』 1·2, 동학농민혁명기념재단의 〈종합지식정보시스템〉에서 많은 도움을 받았음을 밝혀 둡니다. 〈개벽신문〉 등에 연재된 보잘 것 없던 원고를 다듬어 책으로 묶어 주신 박길수 대표님과 도서출판 모시는사람들 식구들에게도 감사의 말씀을 전합니다.

포덕 156년(2015) 7월

탁암 심국보 심고

● 두 번째 비결; 크게 버려야 크게 얻는다

● 세 번째 비결; 우리가 동학을 사랑하는 방법

첫 번째
비결; 동학 최고의 비결은 주문

동학 수행의 비결은 주문이다. 동학을 '잘한다'는 것은 우선 주
문공부를 열심히 하는 것에서 시작된다. 아무리 생각해도 비
결이란 게 별게 아니다. 비밀스러운 문구를 찾고 묘한 비법을
찾고, 신비한 방책을 탐구하는 것이 비결이 아니다.

어떻게 그 비결을 알 것인가
- 운수야 좋거니와 닦아야 도덕이라

비결, 얼풋이 알게 되는 말씀

비결은 '비밀스런 말씀', '세상에 알려지지 않은 뛰어난 방법' 또는 '그런 내용을 적은 책'으로 이해된다. 범상한 말이라 여기면 얼핏 지나치게 되며, 일이 벌어지고 사단이 나야 비로소 그 말의 뜻을 알아채기도 한다. 둔한 사람이야 태풍 같은 사태가 벌어져도 그게 비결이었는지 아니었는지 눈치채지도 못하리라. 그러니 믿어도 그만 안 믿어도 그만인 게 비결. 결코 금과옥조는 될 수 없으리라.

수운(水雲, 최제우, 1824~1864) 선생은 「몽중노소문답가」에서 이렇게 노래하였다 : "괴이한 동국참서 추켜들고 하는 말이 이거 임진왜란 때는 이재송송 하여 있고, 가산 정주 서적 때는 이재가가 하였더니, 어화 세상 사람들아 이런 일을 본받아서 생활지계 하여 보세. 진나라 녹도서는 망진자는 호야라고 허축방호 하였다가 이세 망국 하온 후에 세상 사람 알았으니…."

이재송송(利在松松), 이로움이 '소나무'에 있다. 임진왜란 때 명나라 장수 이여송의 이름 끝 자가 소나무 송(松) 자이다. 이여송의 덕으로 왜놈들을 물리쳤다는 것이리라. 이재가가(利在家家), 이로움이 '집'에 있다. 홍경래란(1811) 때 피난 간다며 길 떠난 사람들은 추위에 많이들 죽어나고, 집에 머문 사람들은 살아났다는 것이다. 망진자(亡秦者) 호야(胡也) 허축방호(虛築防胡), 저 옛날 중국의 첫 통일왕조 진나라가 망한 것은 진시황의 아들 때로, 그 아들의 이름이 호해(胡亥)인 바 호해의 무능으로 나라가 망한 것을 말한다. 오랑캐[胡] 때문에 망할 거라고 생각하여 만리장성 쌓은 것이 허사가 되었다는 것이다. 문제는 이 모두가, 그 일이 있고 보니 비결의 말뜻이 그렇더라고, 사후약방문격으로 해석한 것이라는 점이다.

누구나 쉽게 알아차린다면 비결, 비밀스런 말이 아니다. 그래서일까, 수운 선생은 알아도 얼풋이 알 뿐이라 했다 : "천의인심 네가 알까. 한울님이 뜻을 두면 금수 같은 세상 사람 얼풋이 알아내네.(「도수사」)"

흩어진 조각조각들, 퍼즐 맞추듯 애써 모아야 그 뜻을 비로소 알 수 있다. 그렇게 애써 모아 놓아도 아리송한 게 비결이리라! 수운 선생도 『동경대전』, 『용담유사』 곳곳에 비밀스런 뜻을 여기저기 흩어 놓았다고 할 수 있다. 왜? 아마도 불로자득(不勞自得), 노력 없이 얻으려 하지 말라는 뜻일 게다. 본래 너무 손쉽게 얻으면 만만히 보이는 법.

하원갑 경신년

'하원갑 경신년(1860)'은 수운 선생이 동학을 창도한 해이자, 새로운 세상이 시작되는 때이다. 세상 이치가 새롭고 좋은 것은 그저 주어지지 않는 법이라 했다 : "하원갑 경신년에 전해오는 세상 말이 요망한 서양적이 중국을 침범해서 천주당 높이 세워 거소위 하는 도를 천하에 편만하니 가소절창 아닐런가.(「권학가」)"

수운 선생이 「권학가」에서 노래한 '하원갑 경신년'을 『마음에 이슬 하나』에서 전택원 님은 이렇게 푼다 : "경신년의 이날이 나라의 첫날이며, 하원갑(下元甲)의 첫날이기도 하다는 뜻이다. 하원갑이 시작하는 해가 바로 1860년. 수운이 원갑(元甲)을 말씀하신 것은 앞으로 180년간에 걸치는 예언을 담은 뜻이 있다. 개벽이 시작된 1860년에 180년을 더하면 2040년까지. 이미 하원갑, 중원갑의 120년은 지나갔다. 하원갑은 1860~1920년, 중원갑은 1920~1980년, 그다음이 상원갑, 1980년부터. 1980년 봄은 군부독재와 민주화의 거센 열망이 뒤엉키며 '광주 항쟁'이라는 비구름 속에 펼쳐진 것이다. 한반도 남쪽은 고통에 찬 민주화의 길을 걷는 한편 급격하게 서구화가 진행되고, 북한은 지금 고립된 채 돌파구를 찾지 못하고 있다. 상원갑 전반 30년은 그렇게 지나갔다. 상원갑 후반 30년의 첫해는 2010년. 2010년부터 최후의 30년이 시작된다. 새로운 문명 시대가 열리는 최초의 30년이기도 하다. 수운이 노래한 상원갑 호시절이다. 우리 민족이 하나로 되는 명운이 걸린

30년! 이 시기를 두고 수운은 봄날을 노래했다. 오직 진리 앞에 자신의 모든 것을 희생시킨 수운이 그렇게 간절히 기다렸던 봄. 수운이 살아서는 보지 못한 '그 좋은 봄날(春光好)'이 이제 펼쳐진다."

자방(子方), 북쪽

'비결'이 소개되는 방식은 다양하다.

『도원기서』, 동학 최초의 역사서다. 이 책에 보면 해월(海月, 최시형, 1827~1898) 선생의 꿈 이야기가 나온다. 1879년, 동학 창도 20년 되던 해 봄날의 꿈에 '자방(子方, 북쪽)' 이야기가 나온다 : "(수운) 선생이 일어나 서서 대(臺) 아래로 내려가니, 네 개의 대문(大門)이 있고, 상대(上臺)에는 20여 명, 중대(中臺)에는 1백여 명, 하대(下臺)에는 몇 사람인지 알 수 없었다. 선생이 옮겨 북문(北門)에 서서 '천문개탁자방문(天門開坼子方門)' 일곱 자를 북문에 썼다. 세 번 입으로 외우고, 세 번 손으로 북문을 치니, 그 소리가 우레와 같았다. 주인이 말하기를, '저희들도 역시 북문을 칠까요?' 하니, 선생이 대답하기를, '후일에 반드시 칠 일이 있을 것이다.' 말하며, 최시형을 북문에 제수하고, 강시원을 남문에 제수하고, 유시헌을 동문에 제수하고, 또 한 사람을 서문에 제수하였다."

자방(子方), 북쪽에 관한 이야기는 『도원기서』에 또 나온다 : "먼젓번 (수운) 선생이 항시 최시형에게 말하기를 '이 도의 운은 길이 북방에 있다. 남북의 접을 택하여 정하여라.' 후일에 말하기를 '나는 반드시 북접을 위하여 가리라.'라고 했다. 선생이 또 하신 말씀이 있으니, '이 도의 운이 이와 같으니 옹치(雍齒)의 격이 된다.'고 하였다고 한다."

근현대 시기 천도교의 지도자였던 신용구(默菴, 1883~1967) 선생은 이 자방을 중국 대륙, 즉 중원이라고 하였다 : "『동경대전』에 "남진원만북하회 대도여천탈겁회(南辰圓滿北河回 大道如天脫劫灰)"와 의암성사(聖師, 손병희, 1861~1922)의 "남진원만봉황내의 북하징청대도탈겁(南辰圓滿鳳凰來儀 北河澄淸大道脫劫)"이라 하였으며, 해월신사(神師, 최시형)는 북접주인(北接主人)이 되었고, 의암성사는 세 번 크게 외우면서 문을 세 번 크게 쳤다고 하는데, 자방(子方)은 곧 북쪽을 뜻하는 것으로, 북쪽에 대한 말씀이 많다. 그러면 대체 이 북쪽은 어디를 가리켜 한 말씀인가?

해월신사 말씀에 천도교가 중원(중국) 땅에 들어서는 날에는 포덕천하의 길이 열리리라 하였거니와 이 북쪽은 확실히 중국 대륙을 가리키는 것일 것이다.(신용구, 『글로 어찌 기록하며』, 신인간사)"

새와 짐승을 돌아보아 말하리라

해월의 「강서」는 1885년 을유년 닭띠 해에 지은 것이다. 흔히 볼 수 있는 짐승들이 등장한다. 해월, 의암 선생의 시구의 짐승은 모두 십이간지(十二干支)의 동물이다 : "슬프다, 이 세상 사람의 앎이 없음이여, 차라리 새와 짐승을 돌아보아 말하리라. 닭의 울음에 밤이 나누어짐이여, 개가 짖음에 사람이 돌아오도다. 멧돼지가 칡을 다툼이여, 창고의 쥐가 있을 곳을 얻었도다. 제나라 소가 연나라로 달아남이여, 초나라 범이 오나라에 오도다. 중산 토끼가 성을 차지함이여, 패택 용의 한수로다. 다섯 뱀의 대가 없음이여, 아홉 말이 길에 당하도다."*

우리나라가 일제로부터 해방되던 1945년도 을유년 닭띠 해였다. 천도교인들은 해월 선생의 이 강서를 통해 1945년 해방을 예감하고 있었다. 경남 고성에 사는 백복기(遠菴, 1940~) 전 도정의 회고에 따르면, 묵암 신용구 등 당시 천도교의 지도자들은 제자들에게 위 해월의 「강서」를 해석하여, 닭띠 해인 을유년 1945년에 일제로부터 해방된다는 것을 예견하였다고 한다.

한편, 강훈 도정(道正)은 2011년 11월 11일 하동 고성산 동학혁명군 위령제에 참석하여 자신이 몇 해 전에 이 「강서」를 풀이한 글인 '삼절운과 개벽운수'의 내용을 소개하였다. 그중 일부를 소개한다: "닭의 울음에 밤이 나누어짐이여, 개가 짖음에 사람이 돌아오도다[鷄鳴而夜分兮 犬吠而人歸]. 1945년 을유년 8월 15일 정오 12시 라디오 방송으로 일본 천황이 무조건 항복을 발표한다. 이 모습을 닭의 울음으로 간주, 닭이 울어 날이 샌다 하시지 않고 밤이 나뉜다, 또는 갈린다 하신 것은 밤은 그대로라는 뜻으로, 무언가 심각한 뜻이 있음을 알 수 있다.

---

* 『해월신사법설』「강서」, "哀此世人之無知兮 顧將鳥獸而論之 / 鳴而夜分兮 犬吠而人歸 / 猪之爭萬兮 倉鼠而得所 齊牛之奔燕兮 楚虎而臨吳 / 山兎之管城兮 沛澤龍之漢水 五蛇之無代兮 九馬而當路"

8·15를 해방이나 광복으로 보시지 않고, 일본의 쇠사슬에서 벗어나나 남북 분단으로 미소 양대국의 굴레를 다시 쓰게 된 것을 말씀하신 것이다. '개가 짖음에 사람이 돌아오다'는 1946년 병술(丙戌)년 개띠 해에 일본이 완전히 철수하는 것을 말씀하신 것이다.

다섯 뱀의 대가 없음이여, 아홉 말이 길에 당하도다[五蛇之無代兮 九馬而當路]. 오사(五蛇)는 다섯 번째의 뱀의 해, 계사(癸巳)년을 뜻함이라 보는 것이 타당하다. 1953년 계사년 7월에 휴전이 되고 남북이 대치하는 국경 아닌 휴전선이 그어지는데, 다섯 번째 뱀의 해 12×5=60년 후인 2013년 계사년, 남과 북은 화해 협력, 평화 정착 교류가 활발해지고 상호 신뢰가 구축되면 북한의 개성공단을 비롯한 물자 교류가 증가되어 육로와 철도를 이용하여 활발히 유통되고, 휴전협정이 평화협정으로 바뀌면 휴전선이 평화선으로 상징되기 때문에 '국경선이 대가 빈다, 대신한다, 없어진다'로 해석하는 것이 타당하므로 '오사지무대(五蛇之無代)'가 되는 것이다.

구(九)라는 숫자 또한 아홉 번째 갑오년 말띠 해인 1954년부터 12×9=108년 후인 2062년, 대도의 운으로 통일이 된다고 본다. 이때가 대신사(=수운 최제우)께서 「우음」에서 말씀하신 '남진원만북하회 대도여천탈겁회'가 되는 것이며 『탄도유심급』에서 말씀하신 '산하대운진귀차도'하여 대도의 운으로 통일이 되는 해이다. 스승님 말씀을 다시 새겨보면 "쇠운이 지극하면 성운이 오지마는 현숙한 모든 군자 동귀일

체 하였던가" 하신 말씀은 우리 후학들의 몫이요, "억조창생 많은 사람 동귀일체 되는 줄을 사십평생 알았던가" 하신 것은 한울님 뜻이니 한울님 뜻과 우리들의 성경신이 충만하여 합일이 된다면, 반드시 "구마이당로(九馬而當路)"하여 인내천 이념으로 남북통일은 물론 세계가 통일이 되어 지상천국의 건설이 미구에 있음을 확신하게 될 것이다."

베를린~시베리아~북한~부산을 달리는 평화열차

2013년 계사년은 남북 관계에 획기적인 변화가 없이 지나갔다. 남과 북이 화해하고 교류가 활발해지며, 휴전협정이 평화협정으로 바뀐다고 한 강훈 도정의 예견이 빗나간 것은 안타까운 일이다. 그러나 예견이 빗나갔다고 그냥 웃고 지나갈 일은 아니다. 해월의 강서 풀이, 즉 '예견' 또는 '예언'이라는 형식을 통해서도 남북 관계는 당연히 그렇게 희망차게 풀어나가야 한다는 것을 강조한 것으로 봄이 마땅하다.

이러한 희망은 대한민국 대부분의 국민들이 가슴에 품고 있는 것이다. 대한민국의 어느 정치인, 어느 위정자도 남북 관계를 제대로 전망하고 희망을 보여주지 못하고 있다는 것을 감안하면 강훈 도정의 예견은 어떤 통일전문가나 정치인보다 탁월한 식견을 보여주는 것이라고 해야 할 것이다.

2011년 11월, 한국기독교교회협의회(NCCK)는 베를린~시베리아~북한~부산을 잇는 평화열차를 북한에 제안했다. 평화열차는 2013년 가을 세계교회협의회(WCC) 부산 총회 때 베를린을 출발, 시베리아를 거쳐 북한을 경유해 부산에 도착하는 프로젝트였다.

나는 개신교 측이 평화열차를 제안하는 것을 보고 은연중 '오사지무대'의 풀이가 적중되기를 기대했다. 유럽(베를린)에서 한국(부산)까지를 연결하는 평화열차는 기독교라는 일개 종단에서 쉽게 제안할 수 있는 것은 아니며, 개신교 측과 이명박 정부가 사전 협의하에 이루어진 것이라고 추측했다. 비록 무산되었지만 이 프로젝트가 성사되었다면, 그것만으로도 '통일 대박'이 일정 정도 실현되었을지 모를 일이다.

아래의 『의암성사법설』의 「시문」 또한 해월 선생의 「강서」와 비슷하게 풀이하기도 한다. 자세한 풀이는 생략하고 「시문」의 해석을 소개한다 : "요망한 잔나비 슬프게 울어 어진 손님이 흩어지고, 사람 닭이 처음으로 울어 함곡관이 열린다. 달리는 개가 화살을 만나니 형세가 가련하고, 숨은 돼지 놓임을 얻으니 기운이 양양하도다. 쥐가 노적 가운데 들었으니 짐승의 무리가 아니요, 소를 진두에 놓았어도 전단이 아니더라. 날랜 범이 숲에서 나오니 때는 구월이요, 옥토끼가 정을 머금으니 달은 삼경이라. 용이 물기운을 얻으니 가장 재미가 좋고, 새가 푸른 숲에서 노래하니 처음으로 사람이 놀래더라."*

---

* 『의암성사법설』「시문」, "妖猿哀啼賢客散　人鷄始鳴函谷關 / 狗逢箭勢可憐　隱猪得放氣揚揚　入積中非獸徒　牛放陣頭非田單 / 虎出林時九秋　玉兎含情月三更　得水氣最佳味　鳥啼靑林始驚人"

서양 추장을 쳐내야 한다?

- 서추(西酋)

비결을 곧이 곧대로 믿을 건 못 된다. 으레 연초면 '토정비결'로 신수를 보는 게 우리네 풍습이다. 대개는 비유와 상징으로 이루어진 '좋은 한 해 신수'에 기뻐하며 한해를 희망찬 기분으로 시작한다. 인터넷에서 우리는 쉽게 토정비결을 접할 수 있다. 생년월일을 입력하면 당장 그해의 총운과 월별 운수를 알려준다.

참고로 토정비결로 보는 2012년 나의 운세는 대길이다. 총운세는 "만리장공 일월명랑이라, 만리장공에 일월이 명랑하도다."라며 기분 좋게 시작한다. 또 월별로 제시된 운수도 더없이 좋다. 그런데 조건이 붙었다. '연초에 신에게 지성으로 기도해야 한다.' 이런 식이다. 아무리 좋은 운수도 그냥 주어지는 것은 아니라는 가르침일 게다. 운세가 별로라도 실망할 것 없다. 비책을 제시해 준다. 매사에 최선을 다하고 조심하면 된다는 식이다. 정성 들이고, 열심이 하면 잘 될 것이라는 말이다. 그러니 비결은 좋으면 믿고, 나쁘면 믿지 말면 그뿐이다. 심심풀이인 셈이다. 동학의 비결 역시 그러하다.

'서쪽 추장'을 쳐내야 한다

서추(西酋), 해월의 법설 「강서(降書)」에 나오는 말이다. 『천도교경전』에는 '서쪽 괴수'로 해석한다 : "뱀이 개구리를 씹으며 스스로를 생각하기를 '나를 대적할 자가 없다.'하여 지네가 붙는 것을 알지 못하더니, 다음에 뱀이 죽음에 지네가 또 교만하여 거미가 그 몸에 젓 담는 줄을 알지 못하더라. 독한 놈은 반드시 독한 데 상하나니, 너에게서 난 것이 너에게로 돌아가느니라. 어진[仁] 방패와 의로운[義] 무기와 예의[禮]의 칼과 지혜[智]의 창으로 '서쪽 괴수'를 쳐내면 장부당전에 장사가 없으리라."

『마음에 이슬 하나』의 저자 전택원은 서추를 '서쪽 추장'으로 해석한다 : "개구리는 한반도, 희생양이다. 섬나라 일본이 먼저 개구리를 삼킨다. 일본은 뱀이다. 뱀(일본)을 죽이고 한반도에 등장한 것이 지네, 미국이다. 미국은 지금 한반도에 군대를 주둔시키는 유일한 나라. 그 미국을 젓갈로 담그는 것이 거미. 거미는 중국이다."

그리고 해설은 이어진다 : "중국의 오늘을 보십시오. 중국은 이미 '빼앗긴 100년'을 만회했습니다. 앞으로 머지않아 미국을 젓 담그게 된다고 합니다. 중국이 국제 질서에서 미국과 균형을 이루는 날, 미군이 이 땅에서 물러가는 때이기도 합니다. 그 중국에 새 문명을 전파하는 것이 '왕년의 개구리' 한국이라는 것입니다."

조선 말기 고종은 미국이란 나라를 서쪽 어딘가에 붙어 있는 섬나라 정도로 알았다 하니, 미국 대통령을 '서쪽 추장' 정도로 해석하는 것이 그럴듯하고 재미있다. 그러니 한국이 개구리가 되는 것은 너무도 당연하다. 개구리, 그것도 세상 물정 모르는 우물 안 개구리. 세상 물정도 모르고 힘마저 없으니 뱀이 집어 삼키는 것은 시간 문제.

힘과 힘이 부딪치며, 약한 놈이 강한 놈에 집어 먹히는 살벌한 역사는 지금도 계속된다. 만국병마가 물러나는 때, 미군 철수의 시기를 전 택원은 중국과 미국의 힘의 균형이 이루어지는 때라고 말한다. 그때 중국에 새 문명을 전파하는 것이 그동안 당하기만 하던 개구리, 한국이라고 설명한다.

우리나라는 자주국방을 해야 하고, 시간이 걸리더라도 미군은 이 땅에서 마땅히 물러나야 한다고 생각하는 나로서는, 중국이 미국을 젓 담근다는 해설이 통쾌하기 그지없다. 마음에 쏙 드는 해설이다.

물론 '중국이 미국을 젓 담근다'거나 '미군이 이 땅에서 물러가는 때'라는 표현(해석)에 불만인 사람들도 많을 게다. 미국은 한국군의 작전지휘권을 가지고 있다. 미국한테 대한민국 군대의 작전지휘권을 되찾아오는 것을 반대한다며 가스통을 매고 거리를 활보하는 분들은 특히나 '중국이 미국을 젓 담근다'는 해석을 보고 빨갱이 같은 놈들, 혹은 종북분자라고 욕할 게다. 중국이 미국을 젓 담그고 미군도 철수

한다는 말에 공포감을 느낄 만한 분들을 위해 위 해월 선생의 말씀을
나는 이렇게 해석해 본다. 우리 도는 '무극대도'로 이런 분들마저 포
용해야 하니 말이다.

지극한 정성으로 수도하라

뱀은 청나라(중국)이다. 먼저 뱀이 개구리(조선)를 삼키고, 지네(일본)가
뱀(중국)을 젓 담근다. 작은 나라 일본이 중국을 이긴 청일전쟁이다.
그런 일본을 젓 담근 게 거미다. 거미는 미국이다. 그런 후에 만국이
서로 교역하고 길에 비단을 펴고 산이 다 검게 될 때, 중국에 가서 포
덕도 하게 되는 그런 때에 만국병마, 즉 미군도 철수한다고 했다. 그
러니 당장 미군 철수니 하며 민심을 불안하게 하면 안 된다. 때는 그
때가 있으니 마음을 급히 해서도 안 된다.

이렇게 해석해도 틀리지는 않을 게다. 비결이란 게 본래 귀에 붙이
면 귀걸이 코에 걸면 코걸이가 되는 까닭이다.

그런데 참 난감이다. 어떻게 해석해도 '서쪽 추장을 쳐내'야 하는 것
은 마찬가지다. 서쪽 추장은 지금 유일하게 한국에 군대를 주둔시키
고 있는 미국일 수밖에 없으니, 어쩔거나. 이런 난감한 상황을 감안하
여 해월 선생이 준비하신 말씀이 있다.

해월 선생의 말씀에 따르면 서양 추장을 이 땅에서 축출하는 것은
'인간의과예금지극(仁干義戈禮劍智戟)'이다. "어짊이라는 방패와 의로움

이라는 무기, 예의라는 칼과 지혜라는 창"으로 서양 추장을 몰아낸다는 것이다. '인간의과예금지극' 여덟 자를 네 자로 줄이면 인의예지.

또 해월 선생은 동학의 운을 이렇게 말씀하셨다 : "전쟁은 다만 병기만 가지고 이기는 것이 아니다. 병전을 능가하는 게 책전이다. 계책이 중요하다. 서양 무기는 세상 사람들이 견주어 대적할 자가 없다고 하나 무기는 사람 죽이는 기계, 즉 살인기다. 도덕만이 사람을 살리는 활인기다. 지극한 정성으로 수도하라.(『해월신사법설』「오도지운」)"

서추(西酋), 서양 추장을 해설하면서 생긴 의문 하나. '김정일 국방위원장이 사망한 북한을 개구리라 한다면, 뱀은 누구이며, 지네는 누구이며, 거미는 누구인가?'

남쪽별이 원만해지면

- 남진(南辰)

차별을 초월하여 원만함을 구하다

남진(南辰, 남쪽별)은 무엇인가? 남쪽에 있는 별이다. 『동경대전』「우음」에 나오는 구절이다.

남진원만북하회(南辰圓滿北河回)

대도여천탈겁회(大道如天脫劫灰)

이 구절에 대한 해석은 여러 가지다. 그만큼 이해하기 어렵다고 해야 할 것이다. 우선, 『천도교경전』에서는 "남쪽 별이 둥글게 차고 북쪽 하수가 돌아오면, 대도가 한울같이 겁회를 벗으리라."고 해석한다.

다른 해석과 해설도 살펴보자. 이돈화(夜雷, 1884~1950?)는 『수운심법강의』에서 아래와 같이 해설하였다 : "남진(南辰)과 북하(北河)는 성진(星辰)인데 '남진원만북하회'라 함은 천지대자연의 법칙이 원만자재함을 말한 것이요, 겁회는 현상계의 생멸 변화를 말한 것이다. '대도여천 탈겁회'라 함은 대도는 현상계와 생멸 변화를 초월하여 있다 함이다. 이러한 대도는 남진북하의 원만융회하는 대자연체와 같이, 현상계의 시간·공간적 차별상을 초월하여 있는 것인즉, 차별상을 초월하여 본체성의 원만자재함을 아는 것이 곧 대도를 각(覺)하는 초보라 함이 었다."

이돈화의 해설은 매우 철학적이지만, 전달하고자 하는 바는 분명 하다. 대도를 깨닫는다는 것은 차별성을 초월하여야 한다는 것, 그리 고 원만해져야 한다는 것이다. '차별성'이라 함은 평등하지 못한 사회 의 제 현상을 지적한 것이겠지만, 구체적으로 어떠한 차별인지는 설 명하지 않는다.

『주해 동학경전』(윤석산 주해, 동학사)에서, 윤석산 교수는 이렇게 풀었 다 : "남방의 별이 가득 차오르고 북으론 은하수가 둘러져 있구나. 대 도는 바로 이 천체의 변화와 같아, 크나큰 재앙으로부터 벗어나리라."

윤 교수는 아래와 같이 해설을 덧붙였다: "천체를 주관하던 중심의 별은 북신(北辰), 곧 북극성이 된다. 논어 위정편의 주에 보면 '북신은 곧 북극이니, 천체의 중심이 되는 기둥이다(北辰北極 天之樞也)'라고 되어 있다. 이와 같은 점으로 보아 이제 천체의 중심별인 북신(北辰)이 기울 고 남방의 별인 남진(南辰)이 차오르니, 선천이 물러나고 후천의 운이 돌아온다는 상징적인 말씀이다."

여기서는 이제까지 천체의 중심이던 북쪽별을 대신하여 남쪽별[南辰]이 새롭게 부각된다고 한다. 남쪽별은 후천의 상징이라는 것.

남쪽별은 후천개벽의 상징! 희망찬 내일을 상징한다는 것인가. 남쪽별이 둥글게 찬다는 것의 의미를 정확히는 몰라도 나는 항시 이 구절을 대하면 무언가 설렘 같은 것을 품었다. 그것이 후천개벽이란 말인가.

바로잡아야 할 것은 우리의 마음

'남진원만북하회'는 현재 기울어진 지축이 바로 서 가는 과정을 시로 표현한 것이라는 주장도 있다. 『주역과 동학의 만남』(이찬구, 모시는사람들)이란 책에서는 '남진원만'은 북극과 남극이 짓눌려 있다가 모두 제자리로 둥글게 돌아가는 것을 상징한다고 설명한다 : "지축이 경사(기울어짐)된 것이 하늘의 겁회다. 이 겁회를 벗는 것이 괴질운수를 벗는 것이며, 다름 아닌 지축의 정립이다. 동학도 지축이 바로 서야 혼몽천지에서 벗어나 동학이 무극대도로서 후천5만년의 역할을 다할 수 있다.(『주역과 동학의 만남』, 252쪽)"

나아가 지축 정립에 따른 구체적인 현상도 설명한다 : "지금의 지구는 23.5도 기울어진 채 자전을 하고 있는 바, 앞으로 기울어진 자전축이 바로 서면서(지축정립) 많은 변화가 예상된다. 지구는 남북 양극의 만년설로 인해 양극이 과다하게 무겁고 지구는 그로 인해 눌려서 타원형을 하고 있다. 그러나 얼음덩이가 녹아 지구는 원형으로 되고 기울어진 지축이 바로 선다. 이때 적도 부분은 쪼그라들면서 주름이 생기고 태평양 주변의 섬들은 남쪽으로 쓸려 내려가고 곳곳에서 대지진이 발생하고 이상기후가 발생하고 일본열도는 물속에 잠긴다. 그때엔 현존하는 인류가 6할 내지 8할이 없어진다. 이것은 심판이나 멸망이 아니며 지구의 성숙이며 결실이고 후천개벽이다.(『주역과 동학의 만남』)"

　이러한 지축 정립설은 일찍이 주역과 정역의 사고 체계에 기반하여 탄허 스님(1913~1983)이 주장하기도 하였고, 2~30년 전부터 증산 계열의 종파에서도 후천개벽의 실상이라며 길거리 선전하던 것으로, 그리 낯선 것은 아니다. 탄허 스님의 지축 정립에 대한 주장은 다음과 같다 : "북극 빙하의 해빙에서 비롯되어 바닷물이 불어 일본과 아시아 국가들, 미국 서부 해안 등을 휩쓸고, 정역의 이천칠지(二天七地)의 원리에 의해 간태(艮兌)가 지구의 주축이 되어 기울어진 지축이 바로 서면 대파멸의 시기가 온다. 현재 지구는 남북 양극의 만년설로 인해 양극이 과다하게 무겁고 지구는 그로 인해 눌려서 타원형을 하고 있으나, 얼음이 녹아 지구가 제대로 된 구형으로 되면 기울어진 지축이 바로 선다. 지축정립의 결과 인류의 절반 이상이 죽고 3:1의 비율이던 바다와 육지 면적이 역전되어 육지의 면적이 3배로 늘어난다고 한다. 이러한 파멸적 상황이 곧 지구의 멸망을 의미하는 것은 아니고 미숙하던 지구가 성숙해 가는 것으로 이해해야 하며, 이것이 후천개벽이라 말한다. 한반도는 지구의 주축 부분에 위치하여 가장 적게 피해를 입는 바, 중국 본토의 균열로 만주와 요동 일부가 우리 영토가 되고, 일본은 물에 잠겨 독립을 유지하기에는 너무 작은 영토밖에 남지 않는다고 한다. 땅은 넓어지고 인구는 적으니 세계는 평화로워지고, 한국은 세계를 주도하는 선진국이 된다!"

정역의 원리를 바탕으로 탄허 스님 같은 석학도 지축 정립의 이론을 밝혔다고 하지만, 이런 논리가 하필 우리나라에서 나온 배경을 한번 생각해 볼 필요가 있겠다.

정역을 바탕으로 한 후천개벽에 대한 이해는 우리나라 사람들에게는 희망찬(?) 예언일지 모르지만 결국 일본의 식민 지배로 괴로움을 당한 한국인들의 일본에 대한 응징 심리가 잘 반영된 것일 게다. 바로잡아야 할 것은 기울어진 지축이 아니라, 세상을 대하는 우리들 마음가짐일 게다.

여자의 편성(偏性), 긴 세월 동안 쌓인 남자의 죄업

남쪽별의 원만(圓滿), 둥글어진다는 것에 대한 김지하의 해설도 살펴본다 : "'원만'에서 가장 민감한 인간적 조건은 무엇일까? '여성 모심'이다. 여성의 뾰족한 성질[偏性]은 수천 년간 억압의 산물이니 이때마다 큰절을 하라. 절하면서 그 긴 세월 동안 쌓인 남자들의 죄업을 씻으라. 여성과 아기들은 후천개벽의 타고난 도인(道人)들이니 깊이 모서라. 후천개벽은 북극의 태음(대빙산) 물의 변동(해빙)이고 그 물을 변동시키는 것은 여자들 몸속의 월경의 변동이다. 이를 모셔라. 이 모든 나의 모심, 여성 모심이 꼭 어떤 여성 대권(大權) 지망자의 선전전 비슷하기도 하다. 그러나 정말 그럴까?(신동아 창간 80주년 기념 릴레이강연, 「모심으로 가는 길」)"

이러한 해설은 역사적이고 사회적이며 또한 정치적이다. "여자는 편성이라, 혹 성을 내더라도 그 남편된 이가 마음과 정성을 다하여 절을 하라.(『해월신사법설』 「부화부순」)"는 해월 선생의 말씀에서, 편성을 '뾰족한 성질'로 해석하는 것은 재미있다.

김지하는 '긴 세월 동안 쌓인 남자의 죄업'이 뾰족한 성질(편성)의 원인 제공자라고 풀이했다. 남녀평등, 양성평등이 이루어져야 원만해질 수 있다는 것이다. 이를 좀더 정치적인 의미로 확장하면 '남진원만'은 여성의 정치적 진출, 여성의 정치 세력화로 해석할 수도 있겠다. 다만 김지하는 이러한 해석이 작금의 정치 상황에서 '어떤 여성 대권 지망자'의 선전전으로 확대 해석되는 것은 경계하고 있다.

'남진원만', 남쪽별이 둥글어진다는 것과 관련하여 아래에 2012년 대선 관람기를 덧붙인다. 지난 대선 과정에서 김지하의 행적이 논란이 되었고, 여성 정치인 '박근혜'의 당선 역시 동학의 비결이란 관점에서 살펴보는 것도 의미가 있을 것이다.

세상이 편안해진다고 배웠다

- 지천태(地天 泰)괘

검은돌 흰돌로 두는 바둑. 직접 둘 때는 이기고 지는 것에 대한 감정 조절이 어려워 뻔한 실수를 하기도 하지만, 곁에서 훈수를 하다 보면 훨씬 좋은 수가 보이곤 한다. 해외 동포, 재외 국민들은 이번 대선에서 '훈수꾼'의 지위에서 투표에 참여하였다고 할 수 있고, 그들의 판단은 국내의 선거 결과와는 달랐다. 즉 2012년 대선에서 재외 국민의 투표율은 71%에 달했고, 개표 결과는 박근혜 42.8%, 문재인은 14%가 많은 56.8%를 얻었다.

해외에 살고 있는 동포들의 경우 그곳의 경제사정이나 문화환경, 정치사정이 국내와 다르다. 해외 언론을 통해 보도되는 박근혜에 대한 정보 중 가장 우선적으로 부각된 것은 그가 '독재자의 딸'이라는 것이다. 이러한 시각은 외신의 박근혜 후보의 당선 보도에도 그대로 나타났다. 외신들은 박근혜의 당선 소식을 대부분 '독재자의 딸, 한국의 첫 여성 대통령'이라 보도했고, 어떤 언론은 '박근혜 당선, 그러나 독재자인 아버지가 승리를 어둡게 하고 있다!'고 보도하기도 하였다.

이번 대선에서 나라 밖에서 투표한 재외 국민투표 결과도 '구경꾼' 또는 '훈수꾼'의 투표라 할 수 있고, 재외 국민들의 판단이 비교적 옳았다고 나는 생각한다. 물론 옳다고 선거에서 이기는 것은 아니다.

첫 여성 대통령!

우리 언론은 박근혜 당선자를 '처음으로 과반을 넘은 대통령', '첫 부녀 대통령'으로 소개한다. 많은 여성들은 '여성이 대통령이 된다는 것' 자체를 긍정적인 변화로 받아들이기도 한다. 외신들의 보도는 약간 다르다. 외신들은 한국 헌정 사상 최초로 여성 대통령이 탄생했으며, 박 당선인이 독재자인 고(故) 박정희 전 대통령의 딸이라는 점을 강조한다. 독재자의 딸이 당선된 것이 신기하고 이방인인 자신들로서는 이해하기 힘들다는 것이다.

그리고 외신의 박근혜에 대한 보도를 조금 더 살펴보면, 한국의 '첫 여성 대통령'을 강조하면서, 한국에서 여성의 성차별의 현실에 대해 언급하고 박근혜 '당선자'의 역할이 중요함을 강조하곤 한다. 새겨들을 만하기에 소개한다.

· 한국은 여성에게 모든 정치적·사회적 권리를 평등하게 주고 있지만 전 세계에서 가장 성차별이 크다.

·세계 경제포럼(WEF)은 최근 발간한 성차별 보고서에서 한국의 성평등 순위가 전 세계 135개국 가운데 108위를 차지한다고 밝혔다. 이는 지난 2006년 92위에서 더 떨어진 수치다. 또한 여성 경제 참여율 면에서 116위를 기록했다. 한국이 여성 교육과 의료 혜택 부분에서 전 세계 국가 가운데 상위권을 차지하고 있는 점을 감안할 때 보고서 결과는 매우 '충격적'이다.

·한국의 기적은 모두 남성에만 국한된 것처럼 인식되고 있다. 한국 남녀 간 임금 문제도 성차별 문제의 심각성을 보여주는 것이다. 한국 미혼 여성은 남성보다 평균 13% 적은 임금을 받고 있다, 이는 미국 남녀 임금 차이의 두 배에 달하는 수준이다.

·한국 기혼 여성은 임금 차이가 더 심각하다. 기혼 여성은 기혼 남성보다 약 45% 적은 임금을 받고 있다. 이에 따라 한국 남성의 경제참여율은 76%를 기록하고 있지만 여성 경제참여율은 55%에 그치고 있다.

그러면서 '여성 대통령 박근혜'에 대한 평가는 매우 비판적이다. 이러한 문제 제기는 국내의 어떤 언론에서도 볼 수 없는 것이다.

"박근혜 당선인이 지난 16년간 의정 활동을 펼쳤지만 여성 차별 문제에 별다른 관심을 보이지 않았다."고 지적하며, "한국에선 박근혜 당선인을 페미니스트(여권옹호론자)로 보기보다는 권력자로 보고 있다.

위안부 문제를 비롯해 여성들과 관련된 이슈에 대해 열정이 부족하다."고 분석한다.

즉, 한국의 성차별 문제가 심각하지만 '여성 대통령'조차 이 문제에 대한 인식이 부족하다는 얘기다. 또 다른 외신은 박 당선자에 대해 '미혼인데다 자녀가 없는 박근혜 당선인이 여성 대통령으로서 여성과 관련한 많은 문제를 이해하고 해결할 수 있을지 의문'이라고 지적하기도 했다. '준비된 여성 대통령'이 박근혜의 가장 중요한 슬로건이었지만 한국에서 여성 차별을 줄일 '준비'는 부족하다는 것이다. 외신은 "박근혜 당선자는 여성 대통령으로 한국의 남성 우월 문화를 개선하고 전 세계 여성 차별 문제에도 관심을 기울여야 한다."고 덧붙인다.

김지하와 이외수, 박근혜와 김지하

김지하와 이외수, 이번 대선 과정에서 많은 관심과 논란이 되었던 두 사람이다. 이외수는 가장 인기 있는 '트윗'으로 유명하여 박근혜의 방문도 받았지만 결국은 문재인을 지지했다. 김지하는 박정희 치하에서 감옥살이를 오랫동안 했고 '독재자 박정희'에게 악감정이 없을 리 없겠지만, 이번 대선에서는 박근혜를 지지하고 박근혜 후보 홍보물에 등장하기도 하였다.

나는 예전에 장발에 수염 기르고 마약한 듯한 이외수가 사람 같지 않아, 『칼』이며 그의 작품을 사놓고도 쳐다도 보지 않았다. 반면, 김지하의 시는 웬만큼 봤고 '동학' 관련한 김지하의 책은 거의 다 읽었다. 이번 대선을 거치면서 두 사람을 다시 보게 되었다. 세상만사가 돌고 돌듯, 사람에 대한 호불호도 마찬가지. 김지하는 조금 거리를 두어야겠다고 생각했고, 이외수의 읽지 않은 작품들을 읽어 보아야겠다고 생각했다. 다만, 박근혜가 지난 12월 13일, 원주의 토지문학관으로 김지하를 방문했을 때의 상황은 조금 언급할 필요가 있다.

박근혜가 김지하에게 말했다고 한다 : "지천태괘, 세상이 편안해진다고 배웠다. 여성은 모성이 있기 때문에 세상을 편하게 만들 것이다. 어머니만이 자식이 열이어도 굶기지 않고 다 교육시키고 더 모자라는 자식에게 더 어머니 마음을 쓰는 것이 모성이 아니겠는가."

'지천태(地天 泰)!'

주역의 '지천태'를 박근혜가 언급했다는 것에 나는 내심 놀랐다. "지천태괘, 세상이 편안해진다."고 한 말에서 알 수 있듯, 박근혜는 김지하를 방문하며 세심한 준비를 했을 것이다. 나름대로의 '내공'을 쌓았을 것이다. '내공'이란 표현은 김지하가 박근혜를 지지하며 사용했던 말이다.

김지하는 "지금이 여성의 시대가 되었다는 것은 더 말할 필요도 없다. 박근혜 후보가 아버님과 어머님을 둘 다 흉탄에 잃고 18년 동안을 고통 속에서 살면서 얼마나 큰 내면의 성장을 이루었는지 잘 알 수 있을 것 같다. 바로 그 세월 동안에 박 후보가 쌓은 것이 바로 박 후보의 내공이 아닌가 생각한다."라고 말한 바 있다.

'지천태(地天 泰)'는 주역 64괘의 하나로, 곤괘(☷)가 위에 있고 건괘(☰)가 아래에 있다. 봄이 되면 한울 기운이 아래로 내려오고 땅 기운은 위로 올라간다. 한울과 땅이 서로 사귀어 만물이 자라는 모습이다. 그래서 지천태는 '통(通)'하는 뜻을 담고 있다. 소통을 뜻한다. 공자는 지천태괘를 설명하며 '윗사람과 아랫사람이 사귀어서 그 뜻을 함께한다上下交而其志同.'고 했다.

주역의 괘, 인간의 무지를 넘어설 수 있는가

문제는 진정성이다. '준비된 여성 대통령'이란 슬로건을 내세웠지만 한국의 여성차별 문제 해결에 대한 열정은 부족하다고 외신이 전하듯, 지천태를 말하지만 국민과의 소통에 대한 열정 역시 부족하다는 평가가 많다. 그동안 박근혜의 이미지는 소통과는 정반대인 불통의 이미지가 강했다. 정수장학회, 부산일보, 영남대학교, 유신·인혁당 재건위 관련 역사 인식 등에서 고집불통의 모습을 보여주었다.

주역으로 말하면 천지비(天地否)괘가 박근혜의 이미지와 맞아떨어진다. 천지비괘는 지천태괘와는 그 모양이 반대이다. 땅(☷) 위에 한울(☰)을 올려놓은 모양으로, "소통되지 않고 막혀 있는 상태"로 풀이한다. 한울의 기운은 올라가고 땅의 기운은 내려가기 때문에, 천지가 서로 만나지 못한다는 것이다.

천지비괘에 대해 공자는 '상하가 사귀지 못하니 천하에 나라가 없다上下不交而天下无邦也」.' 했다. 상하가 사귄다 함은 마음을 함께하는 것이니, 즉 언로(言路)의 통함을 의미하지만 언로가 막히면 '나라도 없다'는 뜻으로 해석한다. 소통의 중요성을 많은 사람들이 강조해 왔다.

율곡이 남긴 말도 새겨들을 만하다 : "언로가 열리고 막히고에 흥망이 달려 있다."*

박근혜 당선자는 당선 확정 다음날, 국민대통합을 말한다 : "이 추운 겨울에 따뜻하고 편안한 잠자리에 드실 수 있도록 국민 한 분 한 분의 생활을 챙기겠습니다. 우리 사회에서 소외되는 분 없이 경제성장의 과실을 함께 나눌 수 있도록 하겠습니다. 그것이야말로 진정한 국민대통합이고, 경제민주화이고, 국민행복이라고 생각합니다."

참으로 훌륭하고 좋은 말씀이었다. 그러나 그날부터 수일 사이에 일어난 사건들이 나를 우울하게 하였다. 나꼼수 수사 착수, 당선 이틀 만에 선거공약 고쳐 국정 공약 마련하라는 언론들, 잔치는 끝났다며 노인들의 지하철 무임승차 폐지 요구, 엠비씨 이상호 기자 인사위원회 회부, 울산시 새누리당에서 민생법안 잇따른 폐기 처분, 박근혜 당선에 절망한 한진중공업 노동자 자살…. 인간의 무지는 주역의 괘마저 무위로 돌릴 만큼 강한 것인가.

* 言路開塞 興亡所係

그래서일까. '열 자식 안 굶기는 어머니 마음'이라 했던 박근혜의 말을 비비꼰 낸시랭이란 젊은 여성 행위 예술가가 대단해 보였다.

엄마, 굶어도 좋으니 아빠처럼 패지만 마!

또 원주를 방문했을 때 김지하가 박근혜에게 했던 말도 예사롭지 않게 상기되었다. 앞서 언급한 '지천태'는 김지하의 다음 물음에 대한 박근혜의 답변이었다. 김지하가 박근혜에게 물었다 : "수천 년 동안 여성이 억압당했다가 지도자를 내면 여성들이 전투적인 모습이 될 수도 있지 않겠나 하는 우려가 있다."

쪼개고 나누고 분단시키는 것

- 틈[隙], 사이[間]

틈새를 비집고 들어오는 것은 무엇인가

수운 선생은 세상을 뜻하는 '세간(世間)'이란 단어를 많이 썼지만, 마지막 남기신 유시에서는 '틈'이란 뜻을 가진 '극(隙)'이란 단어를 썼다 : "등불이 물 위에 밝았으니 혐극(嫌隙)이 없고, 기둥이 마른 것 같으나 힘은 남아 있도다."*

무혐극(無嫌隙). 물 위에 떠 있는 등불과 물 사이에 틈이 없다는 것이다. 다시, 의심할 틈이 없다는 것이다. 수운 선생이 순도(음, 1864.3.10) 하시기 전, 해월 선생에게 남겨 주신 시(「遺詩」, 1864)라고 한다. 당신과 해월의 관계를 밝힌 것이라 보면 된다. 수운과 해월은 비록 몸은 둘이지만 그 뜻은 하나이고, 수운 당신은 참형당하여 죽고 해월은 살아 있을지라도 두 분 사이에는 아무런 의심할 틈, 차이가 없다는 뜻이라고

---

* 燈明水上無嫌隙 柱似枯形力有餘

해석할 수 있겠다. 수운 선생은 자신의 후계자인 해월을 무한히 신뢰했던 것이다. 제자는 스승의 무한한 신뢰에 응답하여, 평생을 바쳐 동학을 지켰고 키웠다.

수운 선생은 천도의 길로 향하는 첫걸음을 뗄 당시에서도 '틈, 사이'를 언급하셨다. 「입춘시(立春詩)」(1860)에서다. 『동경대전』과 『용담유사』는 수운 선생의 사후에 해월 선생 주도로 발행되었다. 여기에 실린 많은 말씀 중 수운 선생이 가장 먼저 말씀하신 것은 당연 득도 이전에 지으신 「입춘시」다 : "도의 기운을 길이 보존함에 사특한 것이 들어오지 못하고, 세간의 뭇사람과 같이 돌아가지 않으리라."*

「입춘시」 뒷부분의 '세간'의 간(間)은 사이를 뜻한다. 그러나 여기서는 오히려 앞부분, '사특한 것이 들어오지 못한다'는 것에 주목해야 한다. 틈, 사이를 직접 언급하지만, 우리가 잠시 방심하고 틈을 보이면 사특한 것, 사악한 그 무엇이 치고 들어오는 것을 경계하신 말씀이다. 틈새를 비집고 들어오는 것은 무엇인가. 마(魔)다. 마귀다. 악마다.

수운 선생이 첫 말씀에서, 그리고 마지막 말씀에서 '틈, 사이'를 공통적으로 언급하신 것은 의미심장하다. 동학의 비결이란 주제의 한 자리를 차지할 만하다.

'틈, 사이'란 것은 있어도 없어도 문제다. 오히려 '틈'이란 놈은 없는

---

* 『東經大典』「立春詩」, "道氣長存邪不入 世間衆人不同歸"

것보다 있는 게 더 문제다. 이후에 해월 최시형 선생도, 의암 손병희 선생도 '틈, 사이'에 대한 말씀을 많이 남겼다. 그만큼 '틈, 사이'는 묘하다. 해월 선생이 정감록의 한 구절을 인용하여 쓴 시가 있다 : "산도 이롭지 않고 물도 이롭지 아니하리라. 이로운 것은 밤낮 활을 당기는 사이에 있느니라.(「강시」)"*

전쟁을 만나 희망을 잃고 남부여대(男負女戴)하여 피난처를 찾아 떠도는 백성들, 새로운 세계가 도래할 것이라 믿고 십승지(十勝地)를 찾아 헤매는 민초들…. 산에도 피난처가 없고, 물가도 십승지가 아니다. 이로운 것은 밤낮없이 '활을 당기는 사이'에 있다고 해월 선생은 말씀하신다.

'활을 당기는 사이' 라는 표현에서 팽팽한 긴장감을 느낄 수 있다. 자칫 방심하면 상대방의 활에 내가 당할 것 같다. 잠시라도 긴장의 끈을 놓치면 세찬 파도에 휩싸여 정처없이 떠도는 일엽편주 신세가 될 듯하다. 궁(弓)은 활이지만, 궁궁(弓弓)이기도 하니 '활을 당기는 사이'는 열심히 동학의 주문 외는 것이라 보아도 될 것이다. 어찌 잠시라도 주문 외기를 그칠 수가 있을까. 어쨌든 '틈, 사이'에 대한 경계의 말씀이라 보면 되겠다.

틈과 사이를 경계하는 동학의 가르침은 그 밖에도 많다. '틈, 사이'

---

* 山不利水不利 利在晝夜挽弓之間

가 생기면 게으름 부리는 게 사람인지라 수운 선생이 정성이 무엇인지 설명하며 이렇게 말씀하신다 : "정성이 이루어지는 바를 알지 못하거든 이에 스스로 자기 게으름을 알라.(「후팔절」)"

해월 선생은 잠시라도 게으름 피우지 않았던 당신의 생활을 설명하는 듯 이렇게 말씀하신다 : "순일한 것을 정성이라 이르고 쉬지 않는 것을 정성이라 이르나니….(「성경신」)"

'틈, 사이'를 벌려 이익을 탐하는 자

의암 선생도 「권도문」에서 '틈, 사이'를 경계하시는 말씀을 남겼다. 한울은 '일분 일각'이라도 쉬지 않는다 하였고, 사람 역시 일용행사를 '잠시'라도 떠나지 말아야 하며, 수고롭고 괴롭고 부지런하고 힘쓰는 '노고근면(勞苦勤勉)'의 사단을 특히 강조하였다.

물론 사람이 살아가면서 '틈, 사이'가 없을 수야 없다. 어쩌면 틈만큼 우리에게 소중한 것도 없다. 틈만 나면 스마트폰을 쳐다본다. 세상과 소통하지 않으면 우리의 존재는 없다. 버스 안이나 전철에서 '애니팡'에 열중이다. 긴장된 삶에서 잠시 누리는 여유다. 잠시 주어지는 휴가는 긴 노동의 대가다.

과하면 중독이 되니 문제다. '틈, 사이'를 조장하는 사람과 제도가 문제다. 우리나라 인구 5천만 중 '알콜, 마약, 도박, 인터넷' 4가지에 중독된 사람이 618만 명이며 이중 인터넷에 중독된 사람이 238만 명.

4대 중독에 따른 사회·경제적 비용이 109조 원이란 자료는 우리를 질겁하게 한다. 누군가 '틈, 사이'를 나누고 쪼개어 이익을 탐하는 자가 없다면 불가능한 일이다.

『신생철학』이란 책에는 '틈, 사이'를 가장 정치적으로 바라보면서 날카롭고 격정적으로 서술하고 있다. 이 책의 지은이는 〈동학의 세계 사상적 의미〉라는 글로 유명한 윤노빈이다. 윤노빈은 동학사상에 정통한 사람이니 '동학의 비결'에 그의 생각을 소개하는 것은 매우 의미 있는 것이리라 : "나누고 쪼개고 분단하는 자가 악마다. 서양말로 악마(dia-bolos)란 '둘로 쪼개며', '이간질하며', '속이며 중상한다'는 말(dia-ballein)에서 생긴 것이다. 악마들은 사람들 사이를 갈라 놓으며 사람과 사람의 틈을 넓힌다. 이 사이의 '틈'은 '불신'이라는 악마의 나팔 소리에 따라 점점 넓어진다. 악마의 거리, 악마의 통로는 '틈[間]'이다. 인화가 깨진 틈에서 협동이 붕괴된 틈으로 악마는 지나다닌다. 악마는 정신과 마음을 쪼개 놓으며 사람을 분열시키며 민족 내부 분단을 조장하며 민족들 사이를 갈라놓는 절단기일 뿐만 아니라 갈라진 사람을 가두어 두는 감금자다. 분단된 정신, 분단된 개인, 분단된 민족은 이미 자유로운 정신, 자유로운 개인, 자유로운 민족이 아니다."

윤노빈은 '쪼개고 나누고 분단시키는' 것이 악마이며, 악마의 통로는 '틈'[間]이라고 밝힌다. 그리고 악마는 정신, 마음, 개인 그리고 민족을 이간질하고 싸움을 붙여 분단시킨다고 한다. 분단된 것들은 자유롭지 못한 노예적 정신, 노예적 개인, 노예적 민족이라고 선언한다. 그리고 악마를 퇴치하는 방법은 간단하다며, '악마와의 동업에서 손을 떼고, 사람들끼리 손을 잡으면' 된다고 단언한다.

우리 사회와 남북의 상황을 보면 갈라진 틈, 벌어진 사이를 메우는 방법이 참으로 멀고도 아득해 보인다. 악마와의 동업에서 손을 떼는 것이 어찌 간단할 수 있으랴만 믿어볼밖에. "얻기도 어렵고 구하기도 어려우나, 실은 이것은 어려운 것이 아니"라고 하셨으니. "마음이 화하고 기운이 화하여 봄같이 화하기"를 기다릴밖에.*

악마 퇴치를 위한 '동학의 비결'이 있다.

삼칠자를 그려내니 세상 악마 다 항복하네.**

날래게 한울이 준 칼을 빼어서 단번에 만마의 머리를 베니,
마귀 머리 가을잎 같고 가지 위에 달빛과 같은 정신이로다.***

* 『東經大典』「題書」, "得難求難 實是非難 心和氣和 以待春和"
** 『東經大典』「강시」, "圖來三七字 降盡世間魔"
*** 『의암성사법설』「시문」, "勇拔天賜劍 一斬萬魔頭 魔頭如秋葉 枝上月精神"

비결 중의 비결은 주문

- 지기(至氣), 지기일원론(至氣一元論)

동학 최고의 비결은 단연 주문이다

수운 선생은 한울님을 위하는 글을 주문(呪文, 「논학문」)이라 하셨다. 스스로에 대한 다짐과 각오를 다지는 글이 주문이기도 하다. 혹자는 주문을 주술적이고 미신적인 것으로 치부하기도 한다. 주문은 합리적이지 못하고, 세련되고 현대적이라기보다는 전근대적인 낡은 것, 조금은 덜떨어진 것이라며 꺼리는 사람도 있다.

그러나 동학 수행의 비결은 주문이다. 동학을 '잘한다'는 것은 우선 주문공부를 열심히 하는 것에서 시작된다. 아무리 생각해도 비결이란 게 별게 아니다. 비밀스러운 문구를 찾고 묘한 비법을 찾고, 신비한 방책을 탐구하는 것이 비결이 아니다.

수운 선생은 득도 후 주문 영부를 '불사약(不死藥)', 곧 죽지 않고 영원히 사는 법이라 하며 기뻐하였다 : "이내 신명 좋을시고 불로불사하단 말가 … 금을 준들 바꿀소냐 은을 준들 바꿀소냐.(「안심가」)" 얼마나 좋았으면 금과도 바꿀 수 없고 은을 주어도 바꾸지 않는다 했을까.

또 수운 선생은 주문공부를 지극히 하면 만권의 책으로 공부하는 것보다 낫다고 했다 : "열세 자 지극하면 만권시서 무엇하며 심학(心學)이라 하였으니 불망기의 하였어라.(『교훈가』)"

열세 자란 이러하다. 시천주조화정영세불망만사지(侍天主造化定永世不忘萬事知)! 강령주문[至氣今至願爲大降]에 이어지는, 열세 자에 불과한 본 주문(本呪文)의 효과를 수운 선생은 만권(萬券)의 책과 견주기도 하였다. 수운 선생이 직접 지은 『동경대전』, 『용담유사』에는 주문의 효능에 대한 감탄과 예찬이 구절구절 가득하다. 동학 최고의 비결은 단연 주문이다.

수운 선생이야 무극대도의 창도자이니 자신이 득도한 그 모든 것에 자부심을 드러내는 것은 그렇다 치고 주문공부를 열심히 해야겠다는 생각이 절로 들게 하는, 만해 한용운의 다음 글은 어찌된 것인가 : "천도교가 과거에 있어 그만큼 튼튼한 힘을 얻어온 것은 돈의 힘도 아니요 지식의 힘도 아니요 기타 모든 힘이 아니요 오직 주문의 힘인 줄 생각합니다. 세상 사람들은 주문을 일종 종교적 의식으로 보아 우습게 보는지 모르나, 나는 무엇보다도 종교적 집단의 원동력으로서 주문을 가장 의미심장하게 봅니다. 천도교의 그만한 힘도 주문에서 나온 줄로 생각합니다. 보다 더 심각하게 종교화가 되어 주십시오. 그렇다고 사회사업이나 시대상에 등한하라는 것은 아닙니다. 그것은 별개의 문제이니까요."

1928년 1월 새해 인사로 천도교의 기관지인 『신인간』에 '좀 더 심각하게 종교화가 되라'는 제목으로 실린 글이다.

만해가 머리 깎고 출가한 계기는 갑오동학혁명이다. 만해의 고향 충청도 홍성에서도 동학 난리가 났다. 난리에 휩싸여 떠돌다 설악산 오세암에서 불교와 인연을 맺는다. 출가의 계기가 '동학란'이었던 만큼 만해는 관심 있게 천도교를 지켜보았을 것이다. 만해는 '사회화'되고 '민중화'하려는 천도교의 경향에 우려를 나타내며 '주문의 힘'을 강조한다. 만해는 불교 수행을 통해 주문의 위력에 대해 잘 알고 있었을 터이다. 20여 년 전, 옛 『신인간』을 뒤적거리다 만해의 이 글을 대하고 '주문의 힘'이 무엇인지 심각하게 고민했던 기억이 생생하다.

동학하는 것은 주문공부하는 것

강령주문의 처음 두 글자가 '지기(至氣)'다. 지기는 지극한 기운이다. 수운 선생은 "지(至)는 지극한 것을 가리키고, 기(氣)는 허령이 가득하여 일마다 간섭하지 않음이 없고 명령하지 않음이 없는 것이며, 형상이 있으나 표현하기 어렵고 소리가 있는 듯하나 듣기가 어려우니 이것이 혼원한 하나의 기운이다."라고 하였다.

'지기(至氣)'에 대해 동학의 연구자들, 천도교인들의 다양한 해석이 있지만, 이돈화(夜雷 李敦化)가 『천도교창건사』에서 쉽고 명쾌하게 해설한 아래의 글이 볼 만하다. 그래서인지 남해 지역의 천도교에서는 이돈화의 해설을 「천도입문」으로 만들어 암송하기도 한다 : "지기라는 것은 영부, 즉 대우주의 대생명을 이른 말이니, 지기는 우주 사이에 가득히 차고 넘치는 허령으로, 어느 일에 간섭치 않음이 없으며 어느 일에 명령치 않은 데가 없어, 형용하여 말할 수가 없고 눈으로 볼 수 없고 귀로 들을 수 없으되, 그 산 기운이 한울과 땅의 뿌리가 되어 있으며, 일만 물건이 지기의 속에서 나며 지기의 속에서 자라며 지기의 속으로 돌아가나니, 말하자면 지기는 천지의 뿌리며 만물의 어머니며 생명이라. 만물이 그리로 나고 그리로 돌아가는 것이니, 이 또한 혼원의 일기로서 결코 두 가지 물건이 아니니라.(『천도교창건사』)"

한편, 이돈화는 지기를 철학적 관점에서 '물질도 아니요 정신도 아닌 우주의 실체로, 활동력의 단원(單元)'이라 정의하기도 하였다. 물질도 아니고 정신도 아니라는 것은 동시에 물질적이며 정신적인 것이라는 뜻도 된다. 지기는 '혼원한 한 기운'으로, 이 지기가 만물의 근원이라는 것이다. 이러한 지기를 바탕으로 이돈화는 지기일원론을 주창하며, 사상적으로는 유물론·유심론(관념론)과 다른 동학·천도교의 독자성을 강조한다.

오만년을 쉬지 않고 솟아오르는

성신쌍전(性身雙全)과 교정일치(敎政一致), 천도교의 두 강령(綱領)이다.

강령은 '정당 같은 단체의 기본 입장, 방침, 규범 등을 밝히거나, 어떤 운동의 순서나 전략 따위를 요약하여 열거한 것'을 뜻한다. 성신쌍전, 교정일치! 이 둘은 지기일원론(至氣一元論)에서 비롯된다. 성신쌍전은 지기일원의 관점에서 정신[性]과 육체[身]를 별개의 것으로 보지 않고 양자를 다 같이 함께 수행하는 것이며, 정치 문제와 종교적 문제는 결코 분리하여 볼 수 없다고 보는 것이 교정일치이다.

요약하면, 동학을 '잘한다'는 것은 주문공부 열심히 하는 것이고, 이것이 동학의 일등 비결이다. 주문 열심히 하다 보니 주문의 첫머리에 나오는 '지기'에 주목하게 된다. 지기를 철학·종교·정치·경제적으로 연구하여 이리 봐도 저리 봐도, 지기는 물질도 정신도 아닌 '혼원한 한 기운'이다. 그러니 유물론도 유심론도 아닌 지기일원론으로 연결되고, 이것은 성신쌍전·교정일치이라는 종교적 수행론과 정치적 실천 방법론으로 귀결된다.

그런데 묘하다. 그냥 정신이면 정신 물질이면 물질, 유물론이면 유물론 유심론이면 유심론으로 단순하면 될 것을, 이도 저도 아닌 것에 대한 지향은 정치·경제적으로는 '미국도 소련도 아니다', '자본주의도 공산주의도 아니다.' 같은 양비론적 주장이 될 수밖에 없었다.

해방 이후 전개된 천도교청우당의 교정일치의 실천은 대략 '신탁통치 반대', '남북한 단독정부 수립 반대와 통일정부 수립 운동'이라 보면 된다. 그 결과 남북에서 천도교의 시련과 쇠퇴로 이어졌다. 왜? 1945

년 이후 해방공간에서 지기일원론적 주장은 남이건 북이건 간에 한쪽 끝에서 이미 권력을 획득한 세력들은 납득할 수 없었기 때문이다.

"우리는 미국형인 자본가 중심의 자유민주주의를 원치 않는다. 그것은 자본주의의 내포한 모순과 폐해를 미리부터 잘 알기 때문이다. 동시에 소련류의 무산자 독재의 프롤레타리아민주주의도 필요치 않다고 생각한다. 그것은 조선에는 일찍이 자본가계급의 전횡이 없었기 때문이다. 우리는 조선의 현단계에 적용한 '조선적 민주주의'를 주장한다.(『천도교의 정치이념』)"

해방 후 천도교청우당이 주장한 정치적 노선이다. 당시 유행한 "미국놈 믿지 말고, 소련놈에 속지 말라, 일본놈 일어선다."라는 참요(讖謠)에 대한 정치적 해설이나 마찬가지다. 그런데 남에서는 미국식을 반대하고, 북에서는 소련식을 반대하는 꼴이었으니 천도교가 잘 될 이유는 전혀 없었다. 먼저 북한에서는 1948년 3월 단독정부 수립 반대 운동을 전개하다가, 1만7천여 명이 검거되고 많은 천도교인들이 희생된다. 이어 남한에서는 단독정부 수립 이후인 1949년 12월 수십 명의 천도교청우당원이 경찰에 검거되고 청우당은 강제 해체된다. '북조선노동당과 북조선 천도교청우당의 지령을 받아 천도교 내에서 남한 천도교의 중심세력을 분열시키고 북한 청우당의 세력을 부식시키며 파괴·암살을 하기 위한 지하당원'이라는 말도 안되는 이유로.

지기 속에서 나며, 자라며, 돌아가니

천도교에 애정을 가진 한 지인이 최근 '천도교경전은 내용은 좋으나 제대로 지켜지지 않으니 천도교경전은 화석이나 매한가지'라고 고언(苦言)하였다. 천도교의 경전이 '화석'이라면, 천도교청우당의 노선과 행적은 70년 가까운 세월을 깨어나지 못하고 있는 '식물인간'이라 해도 될 듯하다. 화석이나 식물인간이나 매한가지니, 안타까운 일이다.

일제 치하에서 강제로 해산되었다가 해방 직후 재결성된 천도교청우당은 '현단계(해방공간)의 임무'를 세 가지로 요약하였다. 그중 하나가 '경제적 민주화'의 원칙에 벗어나지 않는 산업의 부흥이었다 : "1. 토지문제의 근본적 해결 2. 경제적 민주화의 원칙에 벗어나지 않는 산업의 부흥 3. 민주주의의 정권 수립의 급무(「천도교청우당의 현단계 임무」, 1946)"

지난 68년 동안 '경제적 민주화의 원칙'을 어기면서 산업을 부흥시켰다는 것을 우리 모두 잘 알고 있다. 68년 전에는 자본주의의 내포된 모순과 폐해를 '잘 알고 있는' 정도에 불과했지만, 지금 우리 사회는 자본주의의 모순과 폐해로 몸살을 앓고 있다. 민주화의 원칙을 벗어난 경제개발이 누적된 결과다.

그래서일까, 지난 대선의 최대의 관심사는 '경제민주화'였다. 유권자의 표를 한 표 더 얻고자 그냥 내건 선거 구호가 아니었다. 새 대통령은 선거 때는 경제민주화를 하겠다고 열심히도 공약하더니 당선된 이후 '경제민주화'는 주요 국정목표에서 사라졌다. 혹시 모르겠다, '경제민주화'가 죽은 듯 누워 있는 식물인간을 벌떡 일어나게 할지.

해방공간에 새겨진 천도교청우당의 '정치적 노선과 행적'은 동학의 비결이 될 충분한 내용과 이유가 여전하다. 이게 다 주문, 그 첫마디 '지기(至氣)'에서 비롯된 것이라 나는 믿고 있다. '주문의 힘'은 강하고 오랫동안 영원할 것이다. 샘이라면 맑고 맑은 물이 오만년을 쉬지 않고 솟아나고도 마르지 않을 그런 샘이다.

사람을 살리는 무기, 도덕

전쟁과 평화 사이

勿水脫乘美利龍　問門犯虎那無樹

(물 수 탈 승 미 리 룡　문 문 범 호 나 무 수, 『동경대전』 「제서」)

수운 선생이 지은 시 한 구절이다. 다양한 풀이가 있다. 대표적인 야
뢰 이돈화의 풀이를 보면 이렇다 : "용호(龍虎) 두 글자로 한 구의 시를
지은 것이다. 용은 호(好) 기회를 의미하며, 호랑이는 악화(惡禍)를 가
리킨 것이다. 수덕용시(修德用時)하는 사람은 호 기회를 포착하여 잃지
말아야 하니, 용이 물을 타는 것같이 할 것이요, 악운을 만나 그를 방
어함은 호랑이를 문전수(門前樹), 즉 문 앞의 나무를 방어함과 같이 하
라. '물수탈승미리용'은 기회를 잘 활용하라 한 말이다. '문문범호나무
수'는 해악을 잘 피하라 함이다."

　야뢰 이돈화의 해설을 보면서, 한반도에 드리운 '전쟁'이란 악운이

떠올랐다. 한반도의 '비핵화'는 김일성의 유훈이었다고 한다. 그런데 2013년 1월 북한 외무성은 '조선반도 비핵화 노선'을 포기한다고 발표했다. 그리고 북한은 2월 12일 3차 핵실험을 감행했고, 한·미 군사훈련을 빌미로 3월 들어 정전협정을 폐기한다고 선언했다.

상황이 상황인 만큼 박근혜 대통령은 지하벙커로 달려갔음에도, 서울이 불바다가 될 거라는 위협에도 불구하고 장군들은 골프장에서 시간을 보낸다. 핵무기나 정전협정의 직접적인 당사자가 미국과 북한이기에, 어쩌면 구경꾼이기도 한 남한 군대의 장군들은 긴장감이 없었을 수도 있다. 언론이나 야당에서는 '나라가 위태한데 장군들이 골프에 미쳤다.'며 개탄했다.

그러나 골프 친 장군들을 비난할 것만은 아니다. 장군들의 정세 판단이 옳았다고 봐야 한다. 국방부의 한 관계자는 '짓는 개는 물지 않는다.'고 했다. '은밀하고 숨겨 가며' 했어야 할 핵실험을 요란하게 공개하는 것이나, 여러 차례 '서울 불바다'를 들먹인 북한을 '짓는 개'로 빗댄 것이다. 군사 전문가들인 '별'들은 서울이 불바다가 될 정도로 상황이 다급하지 않다고 판단하고 있었다고 봐야 한다. 물론 우리 국민 대다수도 비슷하게 생각하고 있었다. 쌀이나 라면 사재기가 일어났다는 뉴스는 없었다. 다만 걱정스러운 것은 전쟁에 대한 공포를 조성하고 북이 핵무장하니 무기 수입을 늘리고 우리도 핵무장을 해야 된다고 나대는 목소리다.

동학이란 조직은 기본적으로 심학(心學), 즉 마음공부를 하는 공동체였다. 한편으로 동학은 세상의 불평등을 개혁하고 바꾸고자 불의의 총칼에 죽창으로 맞서는 '전쟁'을 직접 수행하기도 하였다. 갑오동학혁명이 그것이다. 그래서다. 전쟁이 무엇인지, 무기가 무엇인지에 대한 동학의 비결들은 단순한 훈계나 교훈이 아니다. 몸소 체험한 경험에서 우러나는 통찰이고 지혜다.

핵무기와 원자로, 사람을 죽이는 기계

"큰 전쟁 뒤에는 반드시 큰 평화가 있다.(「오도지운」)"

해월 선생이 동학혁명 실패 후 제자들과의 문답에서 하신 말씀이다. 해월의 말씀에 비추어 북핵, 정전협정 폐기 선언 등을 살펴보자.

북한의 일방적 정전협정 폐기 선언은 정전협정 대신 전쟁을 완전히 끝내는 '평화협정' 체결을 압박하기 위한 '속셈'이라고 언론은 보도하고 있다. '6·25동란'이라 불리는 3년간의 한국전쟁은 매우 규모가 큰 전쟁이었다. 3년간의 한국전쟁으로 인한 인명 피해가 500만 명에 이르고, 재산피해로는 당시 전 가옥의 60%가 파괴되었고, 철도·교량·도로 등 대부분이 파괴되었다. 지금으로부터 정확히 60년 전, 1953년 7월 27일, 정전협정으로 휴전했다. 법적으로 우리는 아직 전쟁을 끝내지 않았다. 60년간 잠시(?) 휴전 중이다. 정전협정을 폐기한다는 것은 다시 전쟁을 하자는 것인가? 다시 전쟁하자는 것이 아니라면 전쟁을 끝내는 평화협정밖에 없다.

　군사 전문가들은 한반도에서 제2의 한국전쟁이 일어날 경우 무기의 발달로 6·25 때보다 17배의 희생을 치를 각오를 해야 한다고 한다. 현재 남북한의 정규군은 175만 명, 한국전쟁 당시보다 6배 이상 늘었다. 각종 첨단무기의 파괴력은 80배 이상 증가했다. 2004년 나온 제2의 한국전쟁 가상 실험 연구 결과가 있다.

　한반도 전쟁 발발 이후 24시간 이내에 수도권 시민과 국군, 주한미군을 포함한 사상자는 230여만 명. 전면전이 발발하면 북한은 개전 초기 1만2천여 문의 포로 시간당 50만 발을 쏟아 붓는다. 그중 장사정포 1천여 문을 제외한 나머지는 모두 낡고 사정거리가 짧은 박격포라 큰 위협이 되지 않는다고 군 당국은 평가한다. 가장 위협적인 대상은 장사정포다. 서울은 물론 수원까지 타격이 가능한 장사정포는 전쟁 초기에 시간당 2만4천 발을 쏟아 부울 수 있다고 한다.

　이 가상 실험 연구는 북한이 입을 피해 규모는 언급하지 않은 것이다. 수도권에서 먼 영남이나 호남 지방이 입을 피해도 엄청나다. 무엇보다 원자력발전소가 문제다. 원자력발전소가 북한의 미사일이나 폭격에 의해 파괴된다면, 그 피해는 가공할 것이라 예상한다. 현재 우리는 21기의 원자로를 가동하고 있다.

　"큰 전쟁 뒤에는 반드시 큰 평화가 있다."는 해월의 말씀은 분명한 진실이다. 3년간의 한국전쟁으로 입은 커다란 피해로 우리는 전쟁의 가공한 위력을 너무도 잘 알게 되었다. 서로에 대한 미움과 증오는 크지만, 지난 60년 동안 큰 전쟁은 없었다. 그리고 가상 모의전쟁에서 보듯 한반도에 제2의 한국전쟁이 일어난다면 이것은 17배나 큰 전쟁이다. 어떤 분은 '한반도 제2전쟁은 북은 궤멸이요, 남은 원시형국가로 남게 될 것'이라고 한다. 제2의 한국전쟁 결과, 남한이 결국은 승리할 것이며, 이후 찾아올 원시시대 같은 적막한 평화를, 분명 더 큰 평화를, 더 오랫동안 평화를 한반도에서 누릴 수는 있을 게다.

핵무기보다 더 큰 무기, 도덕

"전쟁은 평화의 근본이다(戰爭者 平和之本, 「오도지운」)." 명확한 통찰이다. 오랜 전쟁 뒤에는 평화가 올 수밖에 없는 경험적 사실을 밝힌 것이기도 하다. 전쟁이 위험하다는 사실을 잘 알기에 평화가 유지된다고 봐도 된다. 그러나 우리는 해월 선생의 이 말씀을 평화를 위해 무기를 비축해야 된다거나, 전쟁을 감행해야 한다는 것으로 해석하지 않는다. 6·25라는 큰 전쟁을 치른 우리다. 그것만으로 우리는 더 큰 평화를, 더 오랫동안 평화를 누릴 충분한 자격이 있다. 우리는 이미 가공할 화력을 60년 동안 비축하여 왔고 첨단무기도 충분히(?) 많다. 그것도 모자라 북이 핵으로 무장하니 우리도 핵무장을 해야 한다고 하는 책임지지 못할 주장을 하는 분도 있다. 더 큰 무기가 더 큰 평화를 보장할 거라는 믿음 때문일 것이다.

복지와 안보가 중요하다는 것을 정치가들은 오랜 옛날부터 잘 알고 있었다. 이와 관련하여 공자의 "식량이 풍족하고 무기가 충분하면 백성들이 믿고 따른다."는 말은 널리 인용된다. 중국 청대의 사상가 이탁오(李卓吾, 李贄, 1527~1602)는 이 구절을 다음과 같이 해설한다 : "먹을 것을 포기한다든지 무기를 포기한다든지 하는 경우는 포기하고 싶은 것이 아니라 형세상 부득이한 경우이다. 형세 부득이한 상황이 오면 아랫 사람들은 그 부득이한 상황이 오게 만든 원인을 참지 못해서 결국 윗사람을 믿지 못한다. 그런데 유학자들은 도리어 무기나 식량보다 믿음이 소중하다고 말한다. 이는 성인 공자가 말한 뜻을 이해하지 못한 것이다. 그렇다면 무기와 식량은 과연 아무 상관도 없는 것인가? 나는 단연코 말한다. 무기가 없으면 식량이 있을 수 없다. 무기라는 것은 살상에 사용되는 것이어서 악명을 얻고 있지만, 무기가 없으면 스스로를 지킬 수 없으니, 사실은 좋은 것이다. 몸을 지켜 주는 무기, 사실 좋은 것이다."

이러한 이탁오의 해설은 현대의 북한의 입장을 잘 대변해 주는 것일 수 있다. 즉, 핵 문제 때문에 미국이 북한을 적대한 것이 아니라, 미국이 북한을 적으로 보면서 핵 위협을 하기 때문에 불가피하게 스스로를 지키기 위해 핵을 보유하게 됐다는 것이 북한의 주장이다. 북핵이 먼저인가, 아니면 미국의 대북 적대 정책이 먼저인가에 대한 지루한 논리 싸움이 20년 동안 지속되었다.

북핵 문제는 20년 전 1993년, 북한이 핵확산금지조약(NPT)을 탈퇴하면서 시작되었다. 1994년, 2002년에는 각각 실제로 전쟁 직전까지 가는 고비도 있었다. 한반도의 주변의 4강과 남북은 2000년, 2007년 남북정상회담을 통해 북핵 불능화, 미국의 대북 적대 정책 폐기, 종전선언 합의 직전까지 가기도 했다. 천당과 지옥을 다 경험한 셈이지만 해결책은 보이지 않고, 북한은 '핵보유국'으로 자처하며 미국과 맞장뜨자며 배짱이다. 북은 3차 핵실험, 정전협정 폐기를 선언하며 전쟁인지 평화인지의 양자 택일을 미국에 요구하고 있다.

이미 3차 핵실험까지 한 북한을 용납할 수 없으며 '응징해야 한다'는 주장도 있다. 이런 주장은 비현실적인 듯하다. 지난 5년간 이명박 정부의 대북 강경책은 별 소용없었고 오히려 미국 무기 수입만 늘리며 국민들 세금만 퍼붓는 결과를 가져왔다는 것을 우리는 잘 알고 있다. 물론 북한의 비핵화 없이 한반도의 평화는 없다. 그렇다고 북-미, 남북 간의 적대관계를 끝장내지 않은 상태에서, 북한을 비핵화하는 것도 가능하지 않을 듯하다. 북핵 폐기, 종전 선언, 그리고 평화협정! 쉽지 않은 과제들이다. 정치적 결단이 필요하다.

도덕은 사람 살리는 기틀이다

스스로를 지키는 무기는 필요하고 사실은 좋은 것이라는 이탁오의 견해는 옳다. 그러나 이것은 동학의 비결, 동학의 해결책과는 거리가 멀다. 해월 선생은 말씀하신다 : "전쟁은 다만 무기[兵戰]만 가지고 이기는 것이 아니다. 무기를 능가하는 것이 책전이다. 계책이 지극히 큰 것이다. 무기는 사람 죽이는 기계를 말한다. 도덕은 사람 살리는 기틀이라 한다. 그대들은 이때를 당하여 수도를 지극한 정성으로 하는 것이 옳다.(「오도지운」)"

해월 선생은 무기는 사람 죽이는 기계임을 분명히 한다. 사람을 살리는 것은 도덕이며 이를 위해서는 열심히 수도해야 함을 강조하신다. 러일전쟁 직전의 상황을 오수부동(五獸不動) 즉, 한반도를 둘러싼 일본, 러시아, 중국, 영국 그리고 미국의 각축전으로 보고 의암 선생은 이렇게 말씀하셨다 : "온 세상이 모두 강해져서 비록 싸운다 할지라도 같은 적수가 서로 대적하여 싸우면 공이 없다. 이것을 오수부동이라 한다. 그러므로 무기로만 싸운다는 것은 쓸데없는 것이 된다. 무기보다 더 무서운 세 가지가 있다.(「삼전론」)"

의암 선생은 실제 동학혁명에서 북접통령으로 활약한 만큼 외세와 대항하여 무기로, 군대의 힘만으로 대항한다는 것이 현실적으로 불가능하다는 것을 뼈저리게 체험하였고, 일본에 머물면서 국제정세를 더욱 구체적으로 알게 되면서 이러한 인식이 좀 더 깊어진 것이다. 그러므로 무기로 싸우는 것은 쓸데없는 것이라 하고 무기보다 더 무서운 세 가지, 즉 도전 · 재전 · 언전을 제시하였다.

사람이 죽고 사는 전쟁을 논하는데 무기가 아니라 뜬금없이 무슨

'지극한 정성과 수도?' 엉뚱하다고 반문할 수 있다. 그러나 개인 간의 다툼이나 나라 사이의 전쟁도 기본적으로 증오와 미움이라는 마음의 문제에서 비롯된다. 지극 정성·수도가 전쟁의 해결책이 아니라고 하지는 못한다. 몇 해 전부터 정부에서는 납북자 신고를 권하고 있다. 이것이 의미하는 바는 무엇인가? 한마디로 "용서는 좋은 것이야." 라는 것이다.

500만 명이 피해를 봤다는 6·25전쟁으로 미움과 증오가 세상을 뒤덮었지만 이제는 용서할 수 있다는 것이다. 그동안 월북자와 납북자를 구분조차 하지 않고 당사자와 그 가족에게 멍에를 씌우다 보니 납북 당사자와 그 가족은 어려움이 많았다는 것을 정부가 인정한 것이다. 납북자로 인정되면 최소한의 보상도 한다고 한다. 납북자 문제가 북한과 또 다른 갈등을 일으킨다는 우려도 있지만, 정부에서 납북자를 신고하라고 권유하는 것은 60년의 세월이 흐르면서 증오와 미움이 조금은 희석되었다는 것을 보여준다. 60년 동안 한결같은 '미움과 증오'로 닦은 마음이 내리는 결론, 용서할 수 있다는 것이다. 지극한 정성이면 3년이라도 도통한다 했다. 미움과 증오이긴 하지만 60년을 일편단심 지극 정성 수도했다고 보면 된다. 도통하고 남을 일이다. 60년 지극 정성으로 수도한 결과가 용서일 수도 있다.

"한울은 불택선악(不擇善惡)이야. 정해진 게 아니지. 한반도도 우리하기에 달린 거지. 용서는 좋은 거지. 상대가 몰라서 그런 거니 용서할 수 있는 거지."

　　김승복(月山, 空菴, 金昇福, 1926~2004) 도정이 생전 마지막 언론 인터뷰에서 하신 말씀이다. 내가 옳기에 용서하는 것도 아니고, 네가 잘못이기에 용서받는 그런 차원이 아니다. 불택선악이다!

자본주의의 인간화
- 인내천(人乃天)

병사가 없이 치르는 전쟁

"무병지란 지낸 후에 살아나는 인생들은 한울님께 복록정해 수명을 랑 내게 비네." 『용담유사』 「안심가」의 한 대목이다. 무병지란(無兵之亂) 은 '괴질운수', '천재지변', '전쟁이 아닌 무서운 재난'을 뜻한다.

의암 선생은 '대기번복'이란 말로 무병지란을 표현하였다 : "대기(大 氣)가 번복하면 인류가 어떻게 살기를 도모하겠는가. 일후에 반드시 이러한 시기를 한 번 지나고서야 우리의 목적을 달성할 것이니, 성령 은 영원한 주체요. 육신은 곧 사람의 한 때의 객체이니 몸을 성령으로 바꾸라.(「이신환성설(2)」)"

의암 선생을 이은 천도교 제4세 교주 박인호 춘암상사(春菴, 1855~1940) 도 무병지란에 대한 말씀을 강조하셨다 : "마음을 편히 가지고 수도를 잘하라. '무병지란 지난 후에 살아나는 인생들아 한울님께 복록을 정 하여 수명는 내게 빌라.' 하였으니, 군사 없는 난리가 무엇인가. 금년

수해에도 사람이 천 명이 죽었으니 이것이 아닌가. 앞으로 여간 어렵지 아니하니 부디 수도를 극진히 하라.(『춘암상사댁일지』)"

묵암 신용구 전 교령은 무병지란을 "괴질운수가 온다."는 말씀이라며 다음과 같은 훈화하기도 하였다 : "왜정 35년의 경제적 착취나 오늘의 경제적 곤궁은 경제전을 방불케 하는데, 이것은 다름 아닌 무병지란이다. 병정 없는 전쟁, 전쟁 아닌 무서운 전쟁, 오늘의 냉전상태다. 경제전은 늘 이어질 것이다.(『글로 어찌 기록하며』)"

무병지란에 대한 여러 설명 중에서 '경제전'이라 한 묵암의 말씀에 나는 마음이 끌린다. 수운 선생이 경험한 경제적 어려움이 떠올라서다. 수운 선생은 경신년(1860)에 득도하시기 전, 최후의 생계 수단으로 삼았던 철점(鐵店)이 망하자 처자를 이끌고 고향인 경주 용담으로 들어간다. 당시 상황은 이렇다.

울산 여시바윗골에서 천서[乙卯天書]를 받은 해가 을묘년(1855)이며, 그 다음 해 양산 천성산 적멸굴에서 49일기도를 행하지만 47일 만에 숙부의 환원을 직감하고 하산한다. 1년 후 천성산 적멸굴에서 다시 기도를 시작한다. 오랜 기도생활에는 나름대로 자금이 필요하다. 이 기도를 위한 비용과 생계비 마련을 위해 수운 선생은 논 6두락을 저당 잡히고 자금을 마련하여 기술자를 데리고 철점을 경영한다. 1857년 3월경, 수운의 나이 서른네 살 때였다.

당시 울산·양산 지역에는 철점, 즉 용광업이나 제철업 등이 성행

했다고 한다. 수운 선생의 철점 경영 첫해는 그런대로 유지가 되었으나 2년 후에는 '가산은 탕진되고 빚은 산처럼 쌓였다.' 혹시나 사정이 나아질까 해서 여러 사람에게 돈을 빌려 다음 해인 기미년(1859) 여름까지는 버텼으나 끝내 파산하고 만다. 남은 것은 빚잔치였다. 7명의 채권자들은 관아에 소장을 접수했고, 수운 선생은 관아에 출두하여 재판을 받는다. 재판 결과 가장 먼저 저당 잡은 사람이 논을 차지하게 된다. 그때 돈을 받지 못한 한 할머니의 행패로 수운은 난처한 지경에 처하기도 한다. 빚 때문에 집도 넘어가고 갈 곳마저 없어진다. 그래서 찾아든 곳이 고향, 경주 용담이었다. 이듬해, 수운 선생은 한울님과의 극적인 만남을 통해 새로운 삶을 맞이하게 된다.

이런 일을 본다면, "무병지란 지난 후에 살아나는 인생들은 한울님께 복록정해…"라는 구절은 수운 선생 자신의 인생 경험을 노래한 것이라 보아도 될 듯하다. 수운의 득도에는 무병지란, 즉 경제적 파탄이라는 절박한 상황이 어느 정도 역할을 했을 것이다. 무병지란의 벼랑 끝에서 수운 선생은 '중한 맹서 다시하고' 회생한다.

우리 사회가 자본주의사회인 만큼 묵암 전 교령이 말씀하셨듯 무병지란, 즉 경제전은 늘 이어질 것이다. 수운 선생이 사셨던 시대는 자본주의가 본격적으로 우리 사회에 도입되기 직전이었지만, 전근대적인 유형의 무병지란인 경제난은 여전했다. 자본주의가 본격화되고 외환위기까지 겪은 우리 사회에서 이제 무병지란, 경제난은 일상화되어 있다. 이 무병지란 앞에 어른 아이 할 것 없이 많은 희생자가 난다. 요즘 청소년들이 스스로 삶을 마감하는 원인의 첫 번째 이유는 학교성적을 비관해서가 아니라 가정형편에 따른 스트레스 때문이라는 언론보도는 당연한 것이리라. 무병지란 중에서도 경제적 위기는 참으로 무서운 괴질이라 해야 할 것이다.

인간의 마음을 회복한 자본주의로!

야뢰 이돈화는 자본주의 사회를 대체할 사회로 인본위(人本位)의 사회를 진작부터 제시하였다. 이돈화는 인류의 역사 과정을 신본위─영웅 본위─자본 본위─인간 본위 시대로 구분한다. 이돈화는 자본 본위 사회의 문제점을 이렇게 지적한다 : "자본 본위는 그 성질상 자본 집중의 법칙에 의하여 어느덧 자본과 인간은 대립한다. 자본이 인간을 위하여 있게 되지 못하고 자본이 그 자체 집중권을 유지하기 위하여 있게 되었다. 그래서 자본의 특권과 인간적 평등의 사이에는 큰 물의가 있게 되었으니, 이것이 오늘의 세상이다.(「개벽」 69호, 1926.5)"

이돈화는 오늘날 세상에서 보는 '큰 물의', 즉 커다란 모순과 문제점은 '자본주의의 실각을 예언하는' 것이며, '자본 본위가 인간 본위로 전환되는 조짐'이라고 보았다. 그는 인간 본위를 다음과 같이 정의한다 : "인간 본위는 말할 것도 없이 자본주의의 인간화를 이름이다. 자본 본위 대신에 인간 자체가 본위가 되어, 모든 생활 제도를 인간의 가운데로 환원케 하는 주의이다.(이돈화, 앞의 글)"

'자본주의의 인간화!' 이돈화의 선견지명이다. 소련과 동구의 사회주의 체제 몰락으로 자본주의의 대안이라 할 '인간 본위'가 사회주의가 아님은 분명해졌다. '자본주의의 인간화', 이것이야말로 지금 우리 사회에서 가장 우선적으로 요구되는 것 아닌가. 대자본인 갑(甲)의 횡포와 하청업체나 서민들인 을(乙)의 피해가 문제가 된 것은 오래전부터였지만 요즘 들어 새삼 문제되고 있는 것은, '자본주의의 인간화'를 요구하는 시대의 흐름이 본격화되었다는 징조라고 보아야 한다. 이러한 시대의 흐름 이해는 '좌파'적인 것, '종북'적인 것, 이념적인 것이 아니라, 가을 겨울이 지나면 봄이 오고 계절이 바뀌듯 지금은 '자본 본위가 인간 본위로 전환'되는 환절기임을 읽어 내는 것이다.

내가 살고 있는 진주에서 논란이 되고 있는 '진주의료원 폐업'은 어처구니없는 일이다. 공공의료와 서민복지의 현장인 진주의료원의 문을 닫겠다는 경남도지사의 선언이 얼마나 황당한 것인지는 진주 시민들은 다 안다. 버스도 제대로 다니지 않는 허허벌판에 의료원을 옮겨 놓았으니 돈벌이가 안 됨은 당연한 것임에도 적자의 원인을 노조에 뒤집어 씌우고 색깔론을 제기한다. 진주의료원 적자의 근본적 원인은 경남도 공무원들의 전횡과 무능 때문이라는 지적은 진작부터 있었지만, 정작 의료원을 폐업하겠다는 홍준표 지사의 황당한 발상에 사태를 다시 보게 된다. 진주의료원 폐업을 시작으로 정부(지방자치단체)에서는 공공의료마저 민간 영리병원, 즉 자본에 넘길 속셈이라는 것이다. 이는 '자본주의의 인간화'의 파수꾼이 되어야 할 지방정부의 책임과 역할을 포기하는 것이라 볼 수밖에 없다.

누구보다 앞서서, 동학하고 주문 외는 사람들은 '자본주의의 인간화'를 위해 정부(지방자치단체)의 역할이 어떠해야 할지 심각하게 고민해야 한다. 이제 기초단체부터 중앙정부에 이르기까지 '자본주의의 인간화'를 위해 노력하지 않는 정부를 국민들은 선거를 통해 바꾸고 새롭게 구성해야 한다. 삼칠자 주문 외는 동학하는 사람들이 앞장서 해야 할 일이다. 교정일치(敎政一致)는 성신쌍전(性身雙全)과 더불어 천도교의 두 강령이었다.

정신개벽

주문을 외워 동학하는 사람들이 성취해야 할 경지는 정신개벽이다. 정신개벽은 시대의 요청에 제대로 부응하는 것이리라. '자본주의의 인간화'는 시대의 요구다. 자본주의의 인간화라는 시대의 요청에 부응하지 못하고 외는 주문, 그러한 정신개벽이라면 시간낭비다. 그래서다. 이돈화는 일찍이 말했다 : "시대에 있어서 사회적 결함을 알고 그의 불평(不平)에 우는 자 그 시대의 가장 총명한 두뇌를 가진 자이며 그 시대를 먼저 밝게 본 정신개벽자이다.(『신인철학』)"

이돈화는 해방 후 서울에 있다가 북한으로 넘어갔다. 그래서 그의 사상을 의심하는 분들도 있다. 이돈화가 『신인철학』에서 해설한 '한울님'이란 단어는 원래 동학적인 것과는 거리가 멀다며 '하늘님'이나 '하날님'으로 대체되기도 한다. 이돈화가 정립한 인내천에 대한 여러 이론, 지기일원론 등은 동학의 신앙과는 거리가 멀다거나 유물론적인 해설이라며 폄하되기도 한다. 이돈화가 평생을 걸고 정열적으로 정립한 것이 인내천(人乃天)에 관한 이론들인데, 이제 인내천은 동학의 핵심 교리가 아니라는 주장마저 나온다. 인내천이란 말은 의암 선생시대의 표어라는 이유에서일 게다. 심각한 왜곡이다.

인내천, 이는 동학의 핵심 비결이다. 수운 선생께서 처음으로 하신 말씀이다. 해월께서 말씀하셨다. "선생(수운대신사)이 일찍이 남기신 교훈이 있었는데 '사람이 한울이니라. 그러므로 사람 섬기기를 한울같이 하셨도다.'(『천도교백년약사』 152쪽)"

밝고 밝은 그 운수는 저마다 밝을시고

- 명명기운각각명(明明其運各各明)

열망은 여는 것이다

열망과 열광은 다르다고 한다. 열망은 해월 선생이 수운 선생을 통해 도를 얻고 희열을 맛보듯 내밀하며 지속적인 어떤 것이다. 열망은 삶의 의미를 긍정적으로 보는 힘이다. 무기력하며 우울하던 삶, 습관된 '죽은 혼'을 살리는 '산 혼[生魂]'이 열망이다. 수배자의 고단한 삶 속에서 내일 죽음이 올지라도 새끼를 꼬거나 나무를 심는 것, 이것은 열망의 구체적 형태다. 미래 어느 때에 실현될 막연한 희망 사항이 아니라, '지금 여기' 내 안에 와 있는 희망이 열망이다.

이것의 다른 표현은 개벽이다. 개벽은 닫히고 막히고 갑갑한 것을 환하게 열고 여는 것이다. 일찍이 "일용행사가 도 아님이 없다." 하신 해월 선생의 다음 말씀은 열망이 가지는 긍정성, 내밀함, 주체성, 희망과 낙관을 잘 설명한다 : "마음이 언제나 기쁘고 즐거워야 한울이 언제나 감응하느니라.(『수심정기』)"

'산 혼'은 야뢰 이돈화의 표현으로, 사람의 마음속으로부터 산 혼을 불러일으키는 것이다. '산 혼'이란 다른 것이 아니라 사람에게 있는 '정신적 병'과 사회에 있는 '사회적 병'을 알아내고 나아가서 그 병을 고칠 줄 아는 사람의 마음을 이른 말로, 수운 선생이 말씀하신 '영부' 바로 그것이다. '산 혼'을 가진 이는 병들지 않고, 들었던 병도 스스로 고쳐지는 것으로, 이것은 열망의 다른 표현이다.

그에 비해, 열광은 일상의 권태로움을 해소시킬 수 있는 일시적 해소책이고 들뜸이다. 열망이 내밀하며 공동체적인 기쁨이라면 열광은 집단적이며 국가주의와 결합하여 '분위기'를 연출한다. 열광에 따라 붙어 다니는 말은 '집단'이나 '단체'다.

이돈화는 육신으로 나는 병, 정신으로 나는 병(미신·악한 습관·부정한 마음 등), 단체로 나는 병(빈부 귀천 등 사회제도가 잘못되어 나는 병) 세 가지로 이 세상 질병을 구분하였다. 수운 최제우 선생이 영부를 가지고 사람들의 병을 고친다 하였을 때의 병은 '정신으로 나는 병'과 '단체로 나는 병'이다. 이돈화는 말한다 : "정신으로 나는 병과 단체로 나는 병, 이 두 가지 질병이 세상에 가득 차서 세상은 이로 인하여 망하게 된 것을 알아내고 이것을 건지기 위하여 생긴 것이 곧 대신사의 심법입니다."

'단체로 나는 병', 종북 사냥

여기서 사회적으로 발생하는 '단체로 나는 병'에 주목해 보자. 지금 우리 사회는 '종북 사냥'에 열광하고 있다. 종북 사냥은 우리 사회의 대표적인 단체로 나는 병으로, 이돈화의 말을 빌리면 '죽은 혼'이다. '죽은 혼'은 세상을 죽이는 혼이다. 사람과 사람이 서로 싸우며 서로 빼앗으며 서로 시기하며 서로 잡아먹기를 일삼는 혼이다.

단체로 나는 병, 이 병은 좌우를 가리지 않는다. 선악을 구분하지 않으며, 나는 옳고 너는 틀렸다는 것을 신념으로 한다. 미·소 양강이 대립하던 냉전이 끝난 지 20여 년이 지나면서 좌우 이념 대립은 20세기의 유물이 되었다. 오직 우리 사회에서만이 20세기 최악의 부정적인 요소를 그대로 안고, 그것을 끊임없이 재생산하고 있다. 여기에다 자본주의의 불평등 구조까지 접목되어 '단체로 나는 병'에 걸려 사람들이 열광한다고 한다.

국정원의 불법 대선 개입, 12·16 경찰의 허위 수사 결과 발표는 권력에 의한 국기문란·쿠데타이며, '선거 무효'와 '대통령 사퇴'를 주장하는 분도 있을 정도로 엄중한 사건이다. 당연히 젊은 대학생들을 선두로 국정원의 선거 개입을 비판하는 시국선언과 시위가 잇따랐다. 이러한 시국선언을 종북 세력의 음모로 몰아 세우는 사람들이 있다.

그러다 보니 우스꽝스런 일도 생긴다. 어느 대학에 붙은 대자보에는 국정원 선거 개입을 비판하고 박근혜 대통령의 책임을 물으면서, 선언문 끝에 "김정은 ×××, 자유민주주의 만세!" 라는 말을 덧붙였다. 소위 '종북'으로 몰리는 것을 우려한 학생들의 눈물겨운 행동이다.

친북적인 행위를 북한을 추종하는 '종북'으로 규정하는 것은 이해할 수 있다. 그러나 자신의 정치적 지향과 조금 다르거나, 정부에 비판적인 행동을 하는 것을 '종북'으로 모는 것은 정상이 아니다. 개인과 단체, 국가기관 할 것 없이 종북몰이에 열광한다. 병이다. 단체로 나는 병이다. 정신병이다. 일찍이 묵암 전 교령도 "(수운대신사께서) '나의 영부를 받아 사람의 질병을 건지라.' 한 그 질병은 정신병"이라며, "6·25 동란은 정신병에 걸린 때문에 일어났다. 공산주의란 정신적 이데올로기에 도취되어 불장난을 일으킨 것이다."라고 설파했다.

"김정은 ×××, 자유민주주의만세!"를 덧붙이는 것과 같은 어처구니없는 사건이 빈번하다. 프로축구 수원삼성 구단 소속 선수인 정대세를 국가보안법 위반으로 수사한다고 발표한 검찰의 정신 상태도 의심스럽다. 북한 축구 대표선수를 지낸 정대세 선수가 예전에 '김정일찬양'을 했다며 국가보안법 위반으로 수사한다는 것은 '해외토픽'감이다. 나라 망신이다. 그리고 박원순 서울시장 아들의 병역 사건을 무혐의 처리한 검찰을 종북 목록에 넣어야 한다는 주장을 보면, 그 정신병이 앞뒤, 좌우를 분간할 줄도 모르는 중증이라는 게 여실하다.

일베, 얼굴 없는 폭력

5·18 희생자들을 '홍어'라는 표현으로 비하하여 물의를 일으킨 소위 '일베 현상'도 단체로 나는 병이다. '일베'는 '일간베스트'라는 한 인터

넷 사이트를 줄여 하는 말로, 넓게는 그 사이트에 올려지는 것과 같은 극단적인 논리로 사이버 폭력, 언어 폭력을 가하는 것을 '일베 현상'이라고 부른다.

일베에는 여성이나 아동, 피해자 등 '약자'에게 가하는 잔혹하고 엽기적인 공격이 유난히 많으며, 종북몰이뿐만 아니라 독재는 미화하고 민주화는 깎아 내린다. 일베에서 '최고의 가치는 애국', '최고의 애국은 종북 좌빨 척결'이며, '정부나 여당, 대통령을 비판하는 자는 종북 좌빨'이다. 심지어 '애국, 좌익 척결 위해 폭력과 살인도 필요하다'고 말한다. '민주화'는 일베 게시글에 대한 반대, 비추천을 뜻하며, 더 나아가 '와해시키다, 부정적 결과를 낳게 되다'는 의미로 사용된다.

일베와 그 논객들은 자신들의 실리와 본능적 욕망 추구를 '애국'과 '인권' '자유' 등의 좋은 말로 위장한다. 그리해야 어린 청소년들을 선동할 수 있고 스스로를 합리화할 수 있기 때문이다. 실리와 욕망, 충동을 좇으면서도 '선'과 '명분'을 내세우는 방식은 나치주의자들의 중우 정치, 스탈린과 김일성, 일제의 친일파 앞잡이 동원 등과 맥을 같이 한다는 분석도 있다.

이러한 일베의 행태는 비윤리적 · 비도덕적이며 그들의 불법과 탈법, 범죄적 행동을 합리화하고 숨긴다. 자본주의에 '보이지 않는 손'이 있듯이, 이 땅에는 '얼굴 없는 폭력'이 행세하고 마녀사냥을 주도한다. 지금 대한민국에서 발생하고 있는 국정원의 선거 개입 댓글 공작과 종북 여론 몰이가 단적인 예이다. 이 얼굴 없는 폭력은 종국적으로 나치의 유대인 학살만큼이나 무서운 결과를 가져올 것이라 우려한다. 사르트르를 인용한 다음 주장은 끔찍하지만 경청할 만하다 : "사르트르는 그의 「반유대주의와 유대인」에서 지구상에 유대인이 단 한 사람도 존재하지 않는다 해도 반유대주의는 유대인을 창조하거나 만들어 낼 것이라고 말한 바 있다. 대한민국에 종북 세력이 단 한 명도 존재하지 않더라도 '극우반공주의'는 종북 세력을 창조하거나 만들어 낼 것이다."[*]

밑이 없는 옹기에는 달이 없다

'단체로 나는 병', 악질이 만연한 세상을 구제할 동학의 비결은 무엇인가. 흔히들 혁명은 3단계로 진행된다고 한다. 첫째, 먼저 마음이 변해야 하고, 둘째, 삶이 변해야 하며, 셋째, 국가의 전체 사회 구조가 변해야 한다. 마지막인 세 번째 단계, 국가의 전체 사회구조가 변해야 한다는 것은 아래 독일의 사례를 타산지석으로 삼을 만하다 : "1950년대만 해도 독일에서 가장 존경하는 인물로 아돌프 히틀러를 꼽았다. 그러나 독일이 복지국가의 기틀을 잡아간 이후부터는 일부 파시즘 추종 세력에게서만 히틀러가 추앙받게 되었다. 좋은 성장, 올바른 경제

---

[*] 배문정, 「폭력 앞에 선 대한민국, 불복종의 촛불을!」, 『프레시안』, 2013.5.16.

구조를 경험해야 한다."*

좋은 성장과 좋은 경제구조, 즉 좋은 사회를 통해 독재자에 대한 열광과 추앙을 멈추도록 해야 한다는 말로 들린다. 어려운 것은 첫 번째 두 번째 단계인 '마음 변화', '삶의 변화'다. 사회구조의 변화라는 혁명의 결과 사람과 삶이 변하지 않는다면 그 혁명은 진정한 혁명이라 하기 힘들다. 그래서다. 마음과 자신의 삶도 바꾸어야 한다. 앞서 언급한 '얼굴 없는 폭력'에 대해서는 먼저 개개인이 주체적 자각이 우선되어야 하며 그것은 시민의 불복종 선언이라고 말한다 : "한 사람 한 사람이 잃어버린 자신의 '얼굴'을 찾고 폭력 앞에 '불복종의 선언'을 하는 것이다. 그것은 스스로의 눈으로 보고, 스스로의 머리로 판단하고, 그리고 무엇보다 자신을 둘러싼 이웃들과 '얼굴'을 마주하는 것이다."**

'마음이 변해야 한다'는 혁명의 첫 단계를 위해 수운 선생은 다음과 같은 비결을 마련해 두고 있다.

지름길로 가지 말라

"지름길로 가지 말라." 이런 말씀들은 모두 개개인의 주체적 변화를 중시하는 것이다. 내가 변해야 주위가 변하고 사회가 변한다는 것은

---

* 유종일 외, 『박정희의 맨얼굴』, 시사IN북
** 앞의 배문정, 「폭력 앞에 선 대한민국, 불복종의 촛불을!」

지름길인 아닌 먼 길이라 하여도, 건너뛰어서는 안 될 필수적인 코스다. 해월 선생은 "지름길로 가지 말라."고 경계하였다. 해월 선생이 말씀하신 그 길은 천도! 한울님에게로 가는 길이며, 무극대도다. 건너뛰거나 마음 조급히 하여 지름길을 찾으면 영영 도달하지 못하는 길이다. 먼 데로 돌아가는 듯해도 한울님에게로 가는 길은 먼 길이 아니라, 바로 곁에 살아 있는 '이웃'에로 가는 길이 한울님께 가는 길이다. 우리의 형제, 우리의 이웃이 우리의 한울님이다. 한울님에게도 가는 길은 사통팔방으로 뚫려 있고 누구에게나 열린 길이며 광장이다.

온 세상 사람이 각각 알아서 옮기지 않는 것이다.[*]

밝고 밝은 그 운수는 저마다 밝을시고….^{**}

수운 선생은 '각각 알아야各自知' 한다고 하였다. 마음 혁명은 개개인의 각성이 무엇보다 중요하다. 수운 선생은 "부자 유친 있지마는 운수조차 유친이며, 형제 일신 있지마는 운수조차 일신인가." 하였고, 해월 선생 역시 사돈인 신택우에게 개개인의 각성을 촉구하며 말하

---

* 『동경대전』「논학문」, "一世之人 各知不移"
** 『동경대전』「화결시」, "明明其運各各明"

였다 : "사돈은 도가 없소. 내가 바위 같은 도 덩어리를 들 수는 있어도, 줄 수는 없는 것이요. 제각기 닦아야 하오.(신용구, 『글로 어찌 기록하며』)"

"밝고 밝은 그 운수는 저마다 밝을시고"라는 수운 선생 말씀을 묵암은 이렇게 해설하였다. "우리 공부는 마음 공부다. 마음을 밝히는 공부를 해야 한다. 옹기점에 있는 동이 만 개에 물이 들어 있다. 동산에 밝은 달이 돋으니 동이마다 달이 있다. 밑이 없는 옹기에는 달이 없다. 후천 운수는 사람이 자기 마음으로 받는다. 그 마음을 결정해야 한다. 명명기운각각명이라 말씀하셨다.(신용구, 앞의 책)"

세상 속에 서서 정의와 진리를 밝히라

- 방방곡곡행행진(方方谷谷行行盡)

4대강 보, 우리 시대의 만석보

대략 30년 전의 일이다. 눈 덮인 호남 벌판을 걸었다. 정읍에서 전주까지. 동학혁명 전적지 답사이며, 성지순례였다. 우리 땅에서 지평선을 볼 수 있는 몇 되지 않는 그곳을 헤매며 느낀 점이 있다. 들 넓은 그곳에 서서 깨달은 것이다. '이 너른 벌판을 두고도 굶주렸으니! 그래서 낫 들고 죽창 들고 일어났구나!'

고부 농민들은 풍년이 들어도 조병갑의 학정으로 해마다 흉년이었다. '고부군수' 자리는 빚을 내 뇌물을 주고라도 부임하려 했던 황금알을 낳는 자리. 투자를 했으니 본전을 뽑고 이익을 남겨야 하는 법. 고부군수 조병갑은 탐관 중에서도 탐관이었다. 조병갑의 죄상을 탄핵한 전봉준은 '만석보 아래 필요치도 않은 보'를 세워 물세를 강제로 거두었다고 했다. 사단은 항상 가장 약한 고리에서 일어나기 마련이다.

필요도 없는 4대강 보를 세워 환경을 망치고 국민의 혈세로 잇속을 채우는 무리들이 설치는 요즘이다(이 글을 쓸 때부터 시점이 지났으나 사태는 여전히 진행중이다). 120년 전 동학년(甲午年) 때보다 세상은 발전했을 터이니 착취의 방법도 더 새로워지고 진일보했다고 평가해야 되나. 참 헷갈린다. 보도에 따르면 장맛비로 여주에서 많은 피해가 발생했다 한다. 도로가 유실되고 5개 마을이 침수되었단다. 4대강 사업 한다며 쌓아둔 준설토가 피해를 키웠다고 한다. 분노할 일이다.

여주는 해월 선생과 인연이 깊은 곳이다. 여주군 금사면 주록리. 금빛 모래[金沙] 번뜩이고 사슴이 뛰노는[走鹿] 이곳에 해월 선생의 묘소가 있다. 여주군에 농촌봉사활동(농활)을 간 적이 있다. 30년도 더 된 옛날 일이다. 한번은 여주군 강천면에서 일주일 정도 지냈다. 그리고 천도교중앙총부의 추천을 받아 해월 선생 묘소 아랫마을에서 보름 정도 농활을 하기도 했다. 금사면 주록리! 당시는 전두환의 독재가 여름 무더위마냥 기승을 부리던 때, 산골마을에 농활대가 왔다고 여주 경찰서에서 농활대원의 인적 사항을 파악해 가기도 했다. 주록리 마을 분들과 친해져 여름 농활 이후에 가을에도 겨울에도 찾아 뵈었고, 그 이후에도 틈틈이 다니곤 했다. 갈 때마다 해월 선생 묘를 둘러보았다. 그때마다 계절이야 달라도 탁 트인 풍광은 변함이 없었다. 풍수는 몰라도 명당이라 느꼈다.

앞서 농활했던 강천면도 나중에 알고 보니 동학과 인연이 깊은 곳이었다. 해월 선생이 체포된 곳은 원주(송골)이지만 원주로 이사하기

전에 계셨던 곳이 여주 강천면 도전리 전거론이다. 해월 선생은 이곳에서 이천식천, 이심치심 등의 말씀을 남겼다. 그리고 이곳은 해월 선생이 의암 손병희 선생에게 도통을 전수(1898.12.24)하신 뜻깊은 곳이니, 동학·천도교 성지 중의 성지이다. 하기야 우리 땅 어디인들 동학·천도교의 성지 아닌 곳이 있을까마는.

말이 죄를 짓는다

여주의 남한강변, 아름다운 모래사장이 지금도 눈에 선하다. 이런 경관을 파헤치고 필요도 없는 보를 세운 것에 단순히 분노하고 말 일이 아니다. 반대 여론에 불구하고 '4대강 살리기'라며 4대강 사업을 강행한 행위는 국민을 속이고 세금을 포탈한 범죄 행위이다. 자신들의 잇속을 채우기 위해 금빛 모래를 걷어내고 필요도 없는 보를 만들어 습지를 죽이고 뭇 생명을 죽이면서 4대강 살리기라니! 4대강을 죽이면서 살린다고 한 그 입에는 죄가 없다. 잘못된 말이 입을 가르친 것이니 책임은 말에 있다.

"입이 말을 하는 것이 아니라 말이 입을 가르친다(口不敎言言敎口)." 의암 선생의 말씀(「시문」)이다. 말은 생각에서 나온다. 막돼먹은 말에도 생각은 다 있다. 요란한 달변이든 입 꽉 다문 침묵이든, 바른 말이든 헛말이든 다 생각은 있다.

4대강 사업을 강행한 대통령 임기 끝나니 지금에야 감사원은 뒷북

감사하고, 언론에서는 4대강 사업에 대한 알량한 비판들을 하지만, 그동안 침묵하거나 4대강 사업을 찬양한 이들 역시 공범이다.

"마땅히 말해야 할 때 침묵하는 것은 잘못이다." "진실로 굳센 자만이 말해야 할 때 말한다." 옛 사람들의 말씀, 참으로 지당하다. 이런 말을 대하면 스스로 부끄럽다. 잘못 걸어온 나의 삶을, 말을, 헛된 생각을 되돌아보지 않을 수 없다.

말해야 할 때 침묵하는 것도 잘못이거늘, 헛말로 스스로를 속이고 세상을 속인 저들의 잘못은 혜량조차 하기 힘들다. 공무원들이며 언론이며 국가정보원을 두고 하는 말이다. 4대강 반대하는 국민들을 종북으로 매도한 이들의 정체가 나는 항상 의심스러웠다.

"물(物)은 일을 낳고, 일은 먹는 것을 낳는다." 역시 의암 선생의 말씀(「권도문」)이다. 이 말씀에 비추어 보면 이들의 정체는 쉽게 파악된다. 특히 국정원이라는 조직의 정체가 그렇다. 김대중·노무현 정부 지나면서 남북 평화 무드로 국정원의 할 일이 많이 줄었다. 일은 줄어도 조직도 인력도 줄지 않자 이들은 할 일을 찾아 나선다. 일은 먹는 것을 낳기 때문이다.

1972년 7·4공동성명 이후 북에서 내려오는 간첩이 줄어들자 박정희 정권의 중앙정보부는 간첩을 조작하여 만들어 내는 것으로 일을 삼았듯, 이명박 정부의 국가정보원은 국내 정치 개입에서 할 일을 찾았다. 댓글을 쓰고 여론을 조작하는 일을 한다. 지난해는 대통령 선거에 작정하고 개입했다. 고삐 풀린 국정원은 간첩까지 조작한다. 올해 발표된 서울시 공무원 간첩 사건은 국정원이 고문과 회유를 통해 조작한 사건이라 한다. 30년, 40년 전으로 우리나라의 민주주의는 후퇴했다 해도 할 말 없게 되었다.

이들은 막중한 대한민국의 안보를 책임진다거나 종북 세력을 없애고 자유민주주의를 지키고 이 나라를 수호하고 있다고 스스로를 내세우지만 헛소리일 뿐이다. 한 일만 놓고 보면 밥그릇을 유지하기 위해, 잇속을 유지하기 위해 일거리를 찾은 것에 불과하다. 4대강 사업 반대를 종북으로 몰고, 대선에까지 개입하여 부정선거를 획책하고 '음지에서 민주주의를 조진' 국정원의 죄는 워낙 크다. 입이 열 개라도 말 못할 일을 하고도 오히려 NLL이니 노무현-김정일 대화록이니 들먹이며 자신들의 잘못을 감추려 또 다른 일을 벌인다. 일은 밥을 낳기 때문이다. 세상 사람들은 그게 다 자기 무덤을 파는 일임을 안다.

"민주주의? 인권? 박정희, 전두환 때였으면 그딴 소리 하는 것들 뼈도 못 추렸어. 자유를 너무 많이 주니까 헛소리 하는 거야."라고 말하는 분도 있다. 이런 시대착오에는 그냥 웃을 뿐이다.

말이 바르게 되어야 비로소 세상이 바르게 된다

"백성은 유일하게 나라의 근본이니 근본이 확고해야 나라가 평안하다[民惟邦本, 本固邦寧]." 『서경(書經)』의 한 구절이다. 민유방본 이념은 예나 지금이나 민주주의의 핵심 사상이다. 서경은 중국 고대의 책으로 2천년을 넘어, 3천년을 바라본다.

전봉준도 무장 창의문에서 이 구절을 인용하였다 : "백성은 나라의 근본이라, 근본이 깎이면 나라가 쇠잔해진다." 의암 선생도 민유방본의 사상을 그대로 따랐다 : "인민은 처음부터 임금의 기른 바가 아니니 백성이 오직 나라의 근본인 것은 밝기가 불을 본 듯하다."*

민주주의와 인권은 천년 넘게 이어져 온 사상이다. 한때 유신 정권은 '한국적 민주주의'라는 거짓말로 국민들을 속였다. 마치 민주주의가 서구에서 도입된 몸에 맞지 않는 헐렁한 옷인 양 선전하며, 인권과 언론의 자유, 직접선거 등 민주주의의 원칙들을 짓밟았다.

우리는 사회주의 몰락의 주된 원인이 민주주의의 부족 때문이었음을 잘 알고 있다. 사회주의 국가에서는 개인의 사상과 양심의 자유, 언론의 자유, 복수 정당 등 민주주의 요소는 부르주아 독재의 잔재로 치부되었다. 언론·집회의 자유, 깨끗하고 공정한 선거 등 제대로 된 민주주의가 없었던 사회주의는 필연적으로 관료의 부패와 비능률로 이어졌고 결국 몰락했다.

"말이 입을 가르친다."는 의암의 말씀은 언론의 중요성을 강조한 것이라고 보아도 된다. 히틀러는 언론의 중요성을 간파한 천재요, 빼

---

* 『의암성사법설』「명리전」, "人民初非君長之所育也 然則 民惟邦本者 明若觀火"

어난 선동가였다. 그는 무일푼에서 말로 일어나 한 나라의 정권을 장악하고 세계를 지배하려 했다. 언론에 대한 히틀러의 신조는 그의 부하인 괴벨스가 했다는 아래의 말에 고스란히 담겨 있다 : "거짓말은 처음에는 부정되고, 그다음에는 의심받지만, 되풀이하면 결국 모든 사람이 믿게 된다."

이러한 히틀러의 신조는 "말이 반드시 바르면 세상도 바를 것이다."라고 한 의암 선생의 말씀을 조롱하는 것이며, "말이 반드시 바르면 나라도 또한 바를 것이다."라는 말씀을 비웃는 것이 된다.

요즘 우리나라 방송은 편중 보도를 하거나 아예 보도를 안 하거나 둘 중 하나다. 독립유공자를 다루는 다큐멘터리는 제작 중단된다. 도심에 출몰한 멧돼지는 뉴스거리가 되어도, 국정원 개혁을 주장하는 수천의 인파는 뉴스에 등장하지 못한다. 공정성을 상실하면 언론이 아니다. 헛말과 바른 말을 구별하는 것, 여간 어려운 일이 아니다.

거짓 언론에 대처하는 동학의 비결은 이렇다 : "방방곡곡 돌아보니 물마다 산마다 낱낱이 알겠더라."* 신문은 덮고 TV는 끄고, 더운 여름날 땀 흘리며 세상 인심 살펴 볼 일이다. 이열치열이다. 방방곡곡 찾아들어 정의와 진리를 당당히 밝혀 낼 일이다.

---

* 『동경대전』「화결시」, "方方谷谷行行盡 水水山山箇箇知"

산 위에 물이 있음이여!

- 산상유수(山上有水)

지리산 계곡의 물은 그 산을 닮아 장대하다. 지리산 천왕봉이 위치한 곳은 산청군 시천면, 이곳을 흔히들 덕산(德山)이라 한다. 유홍준 교수가 답사기에서 한국 제일의 탁족처(濯足處)로 꼽은 곳이다. 이 계곡의 물은 평온하다가도 비를 만나면 사납게 돌변한다. 집채만한 바위도 굴러 내린다. 인근의 길을 모두 끊고 물길도 바꿔 버린다. 덕산계곡에서 펜션을 운영하는 고성산 동학혁명군 유족 하재호 씨도 피해를 보았다. 2년 전의 일이다.

덕산에서 여생을 마친 남명 조식(1501~1571), 그의 시에 등장하는 물[水]은 급하고 거침없다.

"유월 여름 홍수의 계절 물이 말처럼 세차게 밀려오네
이보다 더 험난한 데는 없으리라
배는 물 때문에 가기도 하지만, 물 때문에 뒤집히기도 한다네

백성이 물과 같다는 소리 옛날부터 있어 왔다네

백성들이 임금을 떠받들기도 하지만

백성들이 나라를 뒤집기도 한다네."

남명의 「민암부」라는 시의 한 구절이다. 이 시는 집권자가 제대로 하기만 하면 '백성들은 위험하지 않다[民不嚴矣].'고 노래한다. 남명에게 물은 백성이다.

저 옛날 노자는 '가장 좋은 것은 물[上善若水]'이라고 했다. 물은 항상 자신을 겸손하게 낮춘다. 그럼에도 산꼭대기에도, 저 높은 한울에도, 활활 타오르는 불구덩이에도, 없는 곳이 없고 아니 가는 곳이 없다[無所不在]. 물은 바위를 만나면 바위와 다투지 아니하고 피해가나[不爭], 한 방울의 낙숫물이 바위를 뚫으니 물 앞에 당할 자 없다. 또한 물은 다투지 않으면서도 가는 곳마다 모든 것을 이롭게 한다[水善利萬物]. 지나는 곳마다 높은 것은 깎아 내고 낮은 것은 돋아주니[損有餘而補不足], 물의 수평(水平)은 곧 평등과 사회 정의를 상징한다. 노자에게 물은 도(道) 그 자체였다.

수운(水雲), 물과 구름

떠도는 수행자를 운수(雲水)라 한다. 동학의 창도주 최제우 선생의 호는 거꾸로 수운(水雲), 물과 구름이다. 땅에서는 물, 하늘에서는 구름이다. 수운 선생이 자신의 호를 수운으로 한 것은 의미심장하다. 나는 수운이라는 호에서 한 군데 얽매이기를 거부하는 수운 선생의 자유로운 기상을 항상 느낀다. 이 자유는 방방곡곡 찾아드는 방랑과 여행할 수 있는 거소의 자유만을 의미하지 않는다.

임금이 임금답지 못한 세상에서 시대를 걱정하며 세상의 모순을 타파하려 했던 수운 선생이다. 이러한 수운에게 절실했던 자유는, 새로운 세상을 도모하고 삶을 꿈꾸며 다르게 생각할 수 있는 사상의 자유였다. 수운의 꿈은 가혹한 압제의 정치에 좌절된다. 그럼에도 용담의 물은 여전히 쉼 없이 흘러 내리고 있었다. 올 여름 잠시 들른 용담 성지, 용담의 물은 지리산 계곡과는 달리 여유로왔다. 오만 년을 흘러 내릴 물이니 급할 게 없었다. 용담의 물은 쉬지 않고 흘러 내려온 바다를 채울 만했다.

해월 선생은 말씀하셨다 : "물이 한울을 낳는다."[*] "물은 만물의 조상이다. 물이 한울을 낳고 한울이 도리어 물을 낳아서 서로 변하여 조화가 무궁하다."[**] "첫 할아버지의 부모는 한울님이다."[***] "천지는 곧 부모요 부모는 곧 천지다."[****]

---

[*] 『해월신사법설』「천지이기」, "水生天"
[**] 『해월신사법설』「향아설위」, "水者 萬物之祖也. …水生天 天反生水 互相變化 造化無窮"
[***] 『해월신사법설』「향아설위」, "始祖之父母 是天主"
[****]『해월신사법설』「천지부모」, "天地卽父母 父母卽天地—"

해월 선생은 물을 단순히 물로만 본 게 아니다. 생명은 물에서 비롯되니 물은 천지만물의 조상이며, 부모이다. 또한 부모는 곧 천지며 한울님이다. 해월 선생은 이처럼 소중한 물로 모든 의식을 간소화하였다. 청수다. 청수 한 그릇으로 의식을 간소화한 것처럼, 우리의 생각도 단순화시킬 필요가 있겠다. 해월 선생은 "어지럽고 복잡한 것을 금하라." 했다. 이 말씀에 비추어 보면 우리는 먼저 생각은 단순화하고 동학의 교리나 이론은 가능한 소박하게 이해하고 설명하면서, 실행을 우선으로 삼아야 할 일이다.

어지럽고 복잡한 것을 금하라

『태극도설』이나 『천부경』 등에서는 하나(一)에서 둘(二)이 생기고 셋(三), 넷(四)이 생긴다고 설명한다. 나아가 태극 이전의 무극(無極), 무무(無無)도 등장하고 음양, 리(理), 기(氣) 등으로 연결된다. 이러한 용어들은 동학·천도교의 경전에도 섞여 있어, 마땅히 분명하게 알아야 하겠지만 그 이론들은 장황하고 어렵게 느껴진다. 나는 둘(二)에서 하나(一)가 생긴다고 한 이탁오(1527~1602, 중국의 사상가)의 해설을 선호하여 무극·무무·태극·리·기 등은 대충 건너뛰고 동학의 경전을 봐 왔다.

이탁오의 말을 소개한다 : "한울과 땅은 하나의 부부다. 따라서 한울과 땅이 있어야 만물이 있다. 그렇다면 천하의 만물은 모두 하나(一)에서 나오지 않고 둘(二)에서 나온다는 것이 명백하다. 그런데 일(一)이

이(二)를 낳고, 리(理)가 기(氣)를 낳고, 태극이 음양을 낳는다니 이는 도대체 무슨 말인가? 애시당초 일(一)이니 리(理)니 하는 것은 없었다. 그런데 또 무슨 태극이 있었겠는가. 나는 만물의 시초를 탐구하여 부부가 바로 그 시초라는 것을 알았다. 그러므로 부·부(夫·婦) 두 가지만 말할 뿐, 더 이상 일이니 뭐니 말하지 않고 또한 리도 말하지 않는다. 일도 말하지 않는데 하물며 무(無)를 말하겠으며, 그 무도 말하지 않는데 하물며 무무(無無)를 말하겠는가? 천하가 미혹에 빠질까 염려하기 때문이다. 그저 천지와 사람은 모두 부부로부터 만들어졌다고 생각하면서, 밥 먹고 숨 쉬고 말하며 살아갈 뿐이다.(이탁오, 「분서」)"

이탁오의 이 해설을 나는 참으로 명쾌하다고 느꼈다. '물이 한울을 낳는다(水生天).'는 해월 선생의 말씀 역시 구체적이고 분명하여 쉽게 이해된다. '이론이 많다고 해서 꼭 도를 밝게 통했다고 볼 수 없다. 언어문자는 간략할수록 고귀하다.' 한 것은 남명이다. 생각과 이론에서도, 생활에서도 모름지기 어지럽고 복잡한 것은 피해야 한다.

물과 관련하여 동학의 비결이라고 할 수 있는 것은 단연 수운 선생이 「불연기연」에서 노래한 다음 구절이다 : "산 위에 물이 있음이여, 그것이 그럴 수 있으며 그것이 그럴 수 있는가."*

『동경대전』의 여러 해설서에서 이 구절 해석은 대체로 비슷하다 :

---

* 『동경대전』「불연기연」, "山上之有水兮 其可然其可然"

"'산 위에 물이 있는데 어떻게 그럴 수 있는가.'라는 것입니다. 백두산이나 한라산 꼭대기에 엄청난 호수가 있어서 물이 마르지 않고 있는 것이 참으로 신기하고, 과연 그럴 수 있는가 하는 것입니다.(김철,『동학정의』)" "산이라는 것은 높은 지대를 말하는 것이고, 물이라는 것은 그 성질이 위에서 아래로 흐르는 것이다. 그런데 어찌하여 그 높은 지대인 산의 꼭대기에서 천지(天池)와 같은 크나큰 호수가 있어, 물이 아래에서 위로 쏟아오를 수 있는가 하는 말이다.(윤석산,『주해동학경전』)"

산상유수(山上有水), 산 위에 물이 있음이여!

산상유수를 앞의 해설과 달리 새로운 시각으로 풀어보자. 새로운 해석의 틀은 『주역』이다. 산을 뜻하는 간(艮:☶) 괘 위에 물을 뜻하는 감(坎:☵) 괘가 놓였으니, 산 위에 물이 있는 모양(䷃)은 수산건(水山蹇) 괘다 : "산 위에 물이 있는 것이 건(蹇)이니, 군자가 이로써 몸을 돌이켜 덕을 닦느니라."*

건(蹇)이란 '절뚝거리다'의 뜻이며, 어렵다는 뜻이다. 괘의 모양을 보면 험한 산과 위험한 물이 있다. 산 위에서 비를 만나는 형국이니 행보에 큰 어려움이 있다는 것이다. 무엇을 하려 해도 산이 앞을 가로막고 물이 가로 놓여 매사가 어렵다.

* ―山上有水蹇 君子以反身修德

전택원은 『마음에 이슬하나』라는 책에서 『주역』의 해설을 빌려 산상유수를 다음과 같이 해석하였다 : "산위에 물이 있다는 것은 그대로가 『주역』의 건괘다. 산(艮)은 동북방의 한반도를 가리킨다. 물(坎)은 고난을 뜻한다. 한반도 위에 걸쳐있는 고난의 시기를 산과 물이 상징하고 있다. 이러한 고난의 시기에 태어난 것이 동학이며, 이를 극복하고 진리를 실현할 주역도 바로 '동학'이라는 뜻이 들어 있다. 동학의 연원이 이 건괘에 있음을 수운이 직접 말씀하고 있다. 이러한 시기에 수운은 의연하게 진리의 길을 걸었다."

한편, 해월 선생도 산상유수를 언급하셨다 : "산 위에 물이 있는 것은 우리 교─도통의 연원이라[山上有水 吾敎道統之淵源也]. 이러한 현기와 진리를 안 연후에 개벽의 운과 무극의 도를 알 것이라.(「명심수덕」)"

해월 선생은 '도통(道統)의 연원'이 '산상유수' 라는 사실을 알아야 개벽의 운과 무극의 도를 알 것이라고 단언한다. 도통(道統)은 도(道)를 물려주고 받는 것이다. 산상유수가 고난을 상징하는 것이니, 고난을 각오하고라야 제대로 동학을 할 수 있다는 뜻인가? 상황이 어려우니 단단히 각오하라는 말씀인가? 산상유수를 해설하는 주역의 해설들은 장황하지만 아래와 같은 구절을 만나는 즐거움이 있다.

크게 어려우면 벗이 온다. 수산건괘의 해설에는 '어려울 때는 마땅히 어려운 때의 도가 있다.'는 처세훈도 있다. 해월 선생도 갑오년 동학혁명의 폭풍은 지나갔지만 여전히 수배가 계속되고 잠행을 이어가야 하는 고난 속에서 비슷한 말씀을 남기기도 하였다 : "군자가 환난에 처하면 환난대로 함이 그 도요, 곤궁에 처하면 곤궁대로 함이 그 도니, 우리들이 큰 환난을 지내고 큰 화를 겪은 오늘이라. 마땅히 다시 새로운 도로써 천리의 변화에 순응할 따름이니라.(「기타」)"

어려우면 어려운 대로 지내라는 말씀이야 쉽지만, 모진 환난의 겨울을 맞아 오지 않는 봄을 기다리는 것은 지겹고 갑갑한 일이다. 그래서다. 안달을 낸다. '한 소쿠리 더했으면 여한없이 이룰 공'도 잠시를 참지 못하니 만사휴의다.

퍼뜩 하준천(淮菴, 1897~1963)의 말씀이 떠오른다 : "'여세동귀(與世同歸)'의 편은 결국은 우리를 패망하게 합니다. '세간중인부동귀(世間衆人不同歸)' 패로 와야 합니다.(『회암 하준천 천도강론』)"

상황이 어렵다고 부화뇌동해서는 안 된다. 외로워도 소신을 버리지 말라는 뜻이리라. 수운 선생은 때가 되면 기다리지 않아도 봄은 자연히 온다[玆到當來節 不待自然來]고 노래하셨지만, 깨달음은 더디고 '해몽'조차 쉽지 않으니 '종종걸음 치는' 것을 탓할 수만은 없는 노릇이다. 수운 선생이 노래한 봄은 현실의 어려움을 이겨내는 것이기도 하고 깨달음을 빗댄 것이기도 하다. 안달하고 종종걸음 치는 가운데 봄을 맞이하는 풍경을 그린 '깨달음'의 시 한 수는 동학의 비결로도 손색이 없다. 이 시는 중국 송나라의 여승이 깨달음을 노래한 것으로 이종린(鳳山, 1883~1951)이 『천도교회월보』(1916.5)에 소개한 것이다.

온 종일 봄을 찾아도 봄을 보지 못했네
짚신 신고 산 머리 구름 위까지 가 보았지
돌아올 때 우연히 매화 향기 맡으니
봄은 가지 위에 벌써 와 있었네[*]

---

*   한글 번역 정민, 『한시미학산책』, 盡日尋春不見春 芒鞋踏把嶺頭雲 歸來偶把梅花臭 春在枝
     上已十分

이상 세계는 어떻게 가능한가?

- 이재궁궁(利在弓弓)

『정감록』은 조선 후기의 대표적인 예언서였다. 이 책은 조선왕조가 망하고 정씨가 새로 나라를 세워 평화로운 세상을 만든다는 미래를 말하고 있다. 결국 조선왕조를 부정하는 반역적인 성격을 띤 불온서적이었다. 저자가 누군지도 모른다. 1782년, 정조가 임금이던 때 역모 사건을 다루는 수사 과정에서 『정감록』이 처음으로 언급된다.

임진왜란과 병자호란을 거치면서 조선왕조가 나라 구실을 제대로 못하고 있다는 사실을 백성들은 똑똑히 지켜보았다. 권위를 상실한 왕권에 도전하는 반란이 끊이지 않았다. 조선왕조를 부정하고 새 세상을 예언했던 정감록은 반란 세력을 모으는 안내서 역할을 한다.

"山不利 水不利 利於弓弓(산불리 수불리 리어궁궁, 『정감록』)" 궁궁(弓弓)은 『정감록』의 핵심적인 용어의 하나로 궁궁을을(弓弓乙乙) 또는 궁을(弓乙)이라고도 한다. 궁궁은 주로 피난처를 의미했다. 정감록에서 궁궁은 양궁(兩弓)이라고도 표현했고, 읽기로는 활활(活活)로 읽었다. 넓은 평야를 뜻하기도 하고 목숨을 보전한다(活)는 뜻도 된다.

"임진년에 섬 오랑캐 나라가 나라를 좀먹으면 소나무 잣나무에 의지할 것이요, 병자에 북쪽 오랑캐가 나라에 가득하면 산에도 이롭지 않고 물에도 이롭지 않고 궁궁, 곧 평야에 이로울 것이다.(『정감록』, 삼성문고판)" 임진왜란과 병자호란이라는 큰 전쟁을 겪으면서 백성들은 피난처를 찾지 않을 수 없었다.

『정감록』에서는 십승지(十勝地)라 하여 열 군데의 이상적인 피난처를 언급하였다. 한문으로 된 『정감록』은 지식인들에게 널리 퍼졌고, 백성들을 위한 한글본 정감록도 출판되었다. 20세기 들어서도 정감록에서 피난처로 꼽았던 십승지 이야기를 믿고 황해도나 평안도에 사는 사람들이 소백산의 풍기나 계룡산 일대에 집단 이주를 하기도 하였다. 많은 백성들이 정감록에 약속된 새날의 도래를 믿고 고향을 떠나 신흥종교 집단을 이루기도 하였다.

수운 선생은 「몽중노소문답가」에서 『정감록』의 구절을 언급하고 있다. 그러나 수운 선생이 언급한 궁궁은 피난처로서의 궁궁과는 그 뜻에서는 차이가 있다 : "괴이한 동국참서 추켜들고 하는 말이 이거임진왜란때는 이재송송 하여 있고 가산정주 서적 때는 이재가가(利在家家) 하였더니, 어화세상 사람들아 이런 일을 본을 받아 생활지계 하여 보세. 진나라 녹도서는 망진자는 호야라고 허축방호 하였다가 이세망국 하온 후에 세상사람 알았으니 우리도 이 세상에 이재궁궁(利在弓弓)

하였다네."

수운 선생은 한울님께 받은 영부(靈符)를 신선의 약(仙藥)이라 하였고, 그 모양은 태극이며 또 궁궁, 궁을이라 하기도 하였다 : "나에게 영부 있으니 그 이름은 선약이요 그 형상은 태극이요 또 형상은 궁궁(弓弓)이니, 나의 영부를 받아 사람을 질병에서 건지고 나의 주문을 받아 사람을 가르쳐서 나를 위하게 하면 너도 또한 장생하여 덕을 천하에 펴리라.(「포덕문」)" "가슴에 불사약을 지녔으니 그 형상은 궁을(弓乙)이요 입으로 주문을 외니 그 글자는 스물한 자라.(「수덕문」)"

위의 『정감록』을 해월 선생도 일부 인용하였다 : "산도 이롭지 않고 물도 이롭지 않다. 이로운 것은 밤낮 활을 당기는 사이에 있다.*"

궁궁은 약동하는 마음의 모양을 형상화한 것

수운 선생과 해월 선생이 언급한 궁궁 또는 궁을은 정감록에서 피난처로 언급된 궁궁과는 약간 다르다. 그 차이는 야뢰 이돈화가 잘 설명하고 있다. 이돈화는 '궁궁은 약동하는 마음의 모양을 형상화한 것'이라고 하면서 다음과 같이 해설하였다 : "약동은 직선이 아니요, 곡선으로 되는 것이다. 곡선 두 줄을 그어 놓으면 (∧∨∧) 모양이니 궁궁이 되며 태극이 된다. 심(心) 자의 점과 점을 연결하여 보면 반드시 궁

---

* 『해월신사법설』「강시」, "山不利 水不利 利在晝夜挽弓之間"

을과 태극의 모양이다. 영부는 확실히 심(心) 자를 가리켜 한 말이 명백하다. 더욱이 그 이름을 선약이라 하였으니 선약은 곧 불사(不死)를 의미한 것인데, 진심(眞心)이 불사불멸(不死不滅)을 의미하는 것이다. 그러므로 대신사(大神師, 수운 최제우)는 수덕문에서 '흉장불사지약 궁을기형(胸藏不死之藥 弓乙其形)'이라 하였으니 영부는 곧 심 자를 의미한 것이다.(이돈화, 『수운심법강의』)"

궁궁은 『정감록』에서 피난처이며 특정한 공간을 뜻했다. 동학에서의 궁궁은 영부의 모양으로 태극이기도 하며, 나아가 이것은 약동하는 마음을 의미한다. 수운 선생과 해월 선생이 강조한 궁궁은 정감록에서 말하는 피난처나 특정한 장소를 뜻한 것은 아니었다.

그러나 피난처로서의 궁궁 또는 이상적인 삶의 공동체로서의 궁을에 대한 숱한 민중의 열망은 쉽게 사그라들지 않았다. 궁을촌(弓乙村)이라는 이상적인 공동체를 형성하고자 했던 노력이 그것이다. 이러한 노력은 특히 일제의 민족적 차별과 억압에 항거하는 항일운동과 깊은 연관을 가지며, 주로 중국 동북지방, 즉 만주 지역에서 전개되었다. 이러한 점에서 궁궁은 여전히 피난처이며 십승지이기도 하였다.

땅을 소중히 여기기를 어머님 살같이 하라

궁을촌과 관련하여 주목할 사람은 해월 선생의 큰아들 최동희(崔東曦, 1890~1927)이다. 최동희는 『해월신사법설』에도 등장한다 : " 내가 한가히 있을 때에 한 어린이가 나막신을 신고 빠르게 앞을 지나니, 그 소리 땅을 울리어 놀라서 일어나 가슴을 어루만지며, 「그 어린이의 나막신 소리에 내 가슴이 아프더라」고 말했었노라. 땅을 소중히 여기기를 어머님의 살같이 하라.(『성경신』)"

여기에 나오는 '어린이'가 해월 선생의 큰아들 최동희이다. 1904년 열다섯 나이로 일본에 유학한 후, 일본 조선 중국 러시아 등지를 오가며 독립운동에 헌신하였다. 최동희는 해월의 큰아들이고 의암 선생의 조카(의암 선생이 외삼촌)였지만, 천도교에서는 기피인물이었다. 최동희에 대한 천도교의 공식 기록은 1930년대 초반에 출판된 『천도교창건사』(이돈화)에 최동희가 1921년 3월 최린, 이종린 등과 함께 의암 선생로부터 궐암(厥菴)이라는 도호를 받았다는 기록이 전부이다.

최동희는 천도교가 신구파로 분리되기 전인 1921년경 천도교 내 혁신 세력이 중심이 된 '천도교연합회'의 중심 지도자였다. 최동희를 중심으로 한 천도교연합회의 노력은 1921년 12월 의정원 첫 회의를 통해 「천도교대헌」을 「종헌」으로 개정, 공선제(公選制)로 대도주(교주) 선출, 연원회 폐지, 용담연원으로 귀일 등 천도교의 제도 혁신을 주도하지만, 연이은 '천도교 1차 분규'로 혁신안은 좌절되고 만다. 그 이후 천도교는 제대로 된 혁신을 한 번도 해 내지 못하고, 일제의 탄압 속에서 신구 양파로 분열하고 지리멸렬한 내리막길을 걷게 된다.

가련한 세상사람 이재궁궁 찾는 말을 웃을 것이 무엇이며

1921년 당시 최동희는 '교회제도 혁신, 인물 선택, 교육 장려, 해외 포교, 재정 정리' 등을 주장했다. 특히 해외 포교를 강조하였는데 이는 민족혁명의 근거지를 만주로 설정하였기 때문이다. 최동희는 천도교 안에서 민족혁명을 위한 통일전선체 결성과 국제적 연대에 입각한 무장투쟁(=독립전쟁)을 가장 먼저 제창했고, 또 그 실현을 위해 적극적으로 노력했다. 실제로 최동희는 만주의 신앙공동체 건설을 통한 무장투쟁의 전개라는 방침을 실천에 옮기기 위해 국내의 천도교인들을 만주로 집단 이주시켜 궁을촌을 건설하였다. 이 와중에서 병으로 쓰러진 최동희는 1927년 1월 상해에서 병사하였다.

최동희 이후 많은 천도교인들이 만주에서 궁을촌 건설을 위해 노력하였다. 이 중에서 공진항 천도교 전 교령(濯菴, 1900~1972)의 노력은 기억할 만하다. 공진항은 영국과 프랑스에서 유학한 후, 1932년 시베리아 철도로 만주를 거쳐 귀국하여 개성의 인삼 관련 가업(家業)을 정리하고, 만주로 이주하여 궁을촌 건설을 추진한다. 1935년 만주의 농장지를 답사하고 그가 소망하던 농장을 요하(遼河) 연안의 오가자(五家子)에 건설하였는데, 이것이 바로 농지 20만 평으로 시작된 오가자농장(뒤에 고려농장이라 개칭)이었다. 그러나 20만 평은 조선에서 이주하는 농민들을 수용하기에는 규모가 적었다. 1936년 귀국하여 고향인 개성의 유지 20여 명을 설득, 자본금 50만 원의 〈만몽산업주식회사〉를 설립한다. 이후 북만주의 호란하(呼蘭河) 근처에 있는 평안참(平安站)에 농지 2,000여 정보를 개간하였고, 또 그곳에서 하얼빈으로 향하는 중간 지점인 안가(安家)에 약 5,000정보의 농장을 건설하였다.

많은 천도교인들이 이상향, 즉 궁을촌 건설을 목표로 하여 만주로 진출하였다. 이것은 단순히 천도교인들만의 이상이 아니라 일제강점기에 만주로 건너간 조선인들 모두의 공통된 이상이며 신념이었다. 이재궁궁(利在弓弓)을 노래하며 『정감록』에서 언급한 십승지를 찾아 헤매었던 무수한 백성들 역시 매한가지였을 것이다.

수운 선생은 노래하셨다 : "매관매직 세도자도 일심은 궁궁이요 전곡쌓인 부첨지도 일심은 궁궁이요 유리걸식 패가자도 일심은 궁궁이요 풍편에 뜨인자도 혹은 궁궁촌 찾아가고….(「몽중노소문답가」)"

또 노래하셨다 : "가련한 세상사람 이재궁궁 찾는 말을 웃을 것이 무엇이며….(「몽중노소문답가」)"

개같은 왜적 놈을 일야에 멸하고서

"민족의 주체성은 '살아서 움직이는 혼이요 힘'이며, 우리 민족의 주체성이 뚜렷하게 살려지는 날, 그것은 곧 '남북의 장벽이 사라지는 날'이다. (박종홍, 『한국의 사상』, 문공사, 1982)"

철학자 박종홍(1903~1976)의 말이다. 민족의 주체성을 중요시했던 박종홍은 민족종교 동학에 깊은 애정을 나타내었고, 동학을 깊이 있게 연구하였다. 아래 인용글은 박종홍의 동학 이해의 깊이를 보여준다.

동학은 한국의 흙냄새 담긴 종교

"동학은 새로운 외래종교에 대한 반발 같기도 하나 그럴수록 오히려 그에서 받은 영향이 컸다고 볼 수 있다. 단, 유불선 삼교의 전통적인 신앙에 있어서 서로 상통할 수 있는 정신을 대중적인 견지에서 살리면서 천주교에서도 섭취할 수 있는 것은 받아들여 시대의 요구에 가장 적합한 종교로서 나타난 것이라 하겠다. 그러나 동학이라고 하느니만큼 서학인 천주교와의 차이점도 강조하고 있다. 도대체 상제가 계신다는 피안에 관하여 운운함은 민망한 일이라 하여 배척하였고, 따라서 내세의 신앙을 도외시한다. 철저한 현세주의라 할 것이요, 천주는 내 속에 모시고 있는 것이니 다른 곳에 찾을 필요가 없다는 것이다. 인내천의 종지는 귀천과 빈부를 따라 차별을 둘 리 없고, 어디까지나 민주적이라 하겠다.(박종홍, 앞의 책)"

박종홍은 동학이 전통사상과 밀접한 관계를 가지고 있다는 사실을 밝히면서, 서학과의 관계도 잘 설명한다. 동학은 내세적 신앙과는 거리가 멀다는 것, 한울님(천주)을 바로 내 안에서 찾아야 한다는 '시천주'의 개념까지도 설명하고 있다. 또한 인내천 종지의 사회적·정치적 의미로서 민주주의와 평등사상까지도 언급한다.

동학은 후대로 오면서 철학적으로 더욱 정교해지고 심화되었지만, 동학에서 믿는 신은 '내 안에 모신 한울님'이며, 동학이 추구하는 세상은 '인내천' 세상이라고 하면 그만인 것이며, '주문'이며 '수심정기' 등 다양한 수행 방법에 대한 설명은 한낱 방편에 불과한 것일 뿐, 그 영역은 해설보다는 실행(수행) 그 자체가 앞서야 할 것이다.

동학은 세계화의 산물

한편, 동학은 한국의 흙냄새 담긴 토종이면서 동시에 세계화의 산물임에 분명하다. 박종홍이 언급했듯이 동학은 외래종교에 대한 반발이기도 하였으니, 동학의 창도자인 수운 선생은 서양 세력이 중국을 침략하는 것을 염려스럽게 지켜보며 결국 조선에도 큰 위협이 될 것이라 의심하였던 것이다. 즉 1860년 영국·프랑스는 북경을 공격하여 청군의 주력을 격파하고 결국 북경조약을 체결하게 되니, 중국은 서양 세력 앞에 종이호랑이로 전락한다. 수운 선생은 이 사건을 「포덕문」에서 이렇게 언급하셨다 : "경신년(1860)에 전해 들으니 서양사람들은 한울님 뜻이라며 부귀는 취하지 않는다 하면서 천하를 쳐서 빼앗고 교당을 세우고 도를 행한다고 하므로 내 또한 그것이 어찌 그럴까 하는 의심을 하였다."*

서학을 비롯한 서양 세력에 대해 수운 선생은 의구심을 가지고 있었지만, 서학에 대해서는 상대적으로 긍정적이고 우호적으로 생각하기도 하였다. 즉 수운 선생은 동학과 서학은 이치에 있어서는 다르지만 시대를 함께하니 운수는 하나로 같고, 그 도(道)는 같은 것이라 하여 서학을 이해하면서 포용했다고 할 수 있다.

"운인즉 하나요 도인즉 같으나 이치인즉 아니다."**

개같은 왜적 놈

정작 수운 선생이 염려하고 두려워했던 것은 서양 세력보다도 일본이

---

* 至於庚申 傳聞西洋之人 以爲天主之意 不取富貴 功取天下 立其堂 行其道故 吾亦有其然豈其 然之疑
** 『동경대전』「논학문」, "運則一也 道則同也 理則非也"

었다. 수운 선생 역시 조선 사람이었으니 과거 일본이 우리나라에 끼친 해악과 정무공 최진립 장군이 임진왜란 때 왜놈와 싸웠던 행적을 통해 일본에 적개심을 품었을 것이라 충분히 짐작할 수 있다.

그러나 다음의 「안심가」 구절에서 읽을 수 있는 수운 선생의 심정은 분노와 적개심만이 아니다. "가련하다 가련하다 아국운수 가련하다. 전세임진 몇해런고 이백사십 아닐런가. 십이제국 괴질운수 다시개벽 아닐런가. 요순성세 다시 와서 국태민안 되지마는, 기험하다 기험하다 아국운수 기험하다 … 기장하다 기장하다 내집 부녀 기장하다 내가 또한 신선되어 비상천 한다 해도 개같은 왜적놈을 한울님께 조화받아 일야에 멸하고서 전지무궁 하여 놓고….(「안심가」)"

'가련하다 가련하다 아국운수 가련하다'라는 구절은 과거 임진왜란 때의 일본에 대한 분노로 해석할 수 있겠지만, '내가 또한 신선 되어 비상천 한다 해도 개같은 왜적놈을 한울님께 조화받아 일야에 멸하고서'라 한 것은 수운 선생 사후의 일을 언급하고 있음이 분명하지 않은가. '신선된다'는 표현은 '죽는다' 것을 뜻한다.

수운 선생 살아생전인 1850년대 혹은 1860년대만 해도 아직 일본이 조선을 침략할 만한 여력이 없었다. 미국의 강요로 일본이 개항한 것은 1854년이며, 1867년 메이지유신을 단행하며 비로소 부국강병의 길을 걷고, 우리나라에게는 재앙이 시작된다. 즉 1876년 일본의 강요로 조선은 강화도조약을 맺으며 개항을 하고, 1894년 동학혁명을 계기로 일본은 조선에 파병을 하고 침략을 본격하면서 결국 조선은 일본의 식민지로 전락한다. 이러한 역사를 되돌아보면 수운 선생이 일본을 '개같은 왜적 놈'이라며 적개심을 드러낸 것은 충분히 납득된다.

정한론(征韓論)

그러나 나는 수운 선생이 다가오는 미래를 내다보며 일본에 대해 왜 그렇게 격하게 분노하고 적개심을 표출했는지 아직도 잘 이해하지 못한다. 수운 선생 득도 당시 '만지장서(萬紙長書)'를 받았다고 하였는데 여기에 수운 선생 사후의 일까지 적혀 있었다고 나는 생각하지 않는다. 물론 '화복(禍福)의 인과, 만상(萬相)의 인과, 만법(萬法)의 인과법칙'을 체득한 수운 선생인지라 미래의 일을 영감으로 예지할 수는 있었을 것이다. 그러나 예언이나 예지력에 의지하는 것은 수운 선생의 본뜻이 아니고, 깨닫는 것, 도통의 경지와는 다르다. '개같은 왜적 놈'이라 한 수운 선생의 일본에 대한 분노와 적개심은 득도 무렵인 1850~60년대 백성들의 정서가 반영된 것이라 여길 뿐이다.

일본에서 한반도를 침략하여 정복하자는 주장을 편 것이 '정한론(征韓論)'이다. 정한론은 대개 메이지유신 이후인 1870대에 형성된 것으로 알려져 있다. 그런데 이 글을 작성하며 '정한론'이 어떻게 시작되었는지를 알아보니 묘하게도 일본에서 조선을 침략하여 정복하자는 여론이 처음으로 형성되는 때가 1860대 초반이라는 자료도 있다. 수운 선생 당대에 일본이 미국을 통해 개항을 하고 부국강병에 힘을 쏟고 있다는 사실은 조선에 알려졌을 터이고, 일본이 조만간 조선을 다시 침략할 거라는 여론이 백성들 사이에 널리 퍼졌을 것이다.

정한론이 우세해지면서 일본은 한반도를 침략한다. 우리나라는 식민지가 되고 막대한 피해를 당한다. 결국 일본의 한반도 침략은 동학을 말살하는 것에서 본격적으로 시작된다. 일본군의 경복궁 점령에 분노한 제2차 동학혁명은 호남 지역만이 아닌 경기도, 충청도, 경상도, 강원도, 황해도 등 전국적 차원의 봉기였다. 수차례 동학혁명 유적지를 답사한 일본의 나카츠카 교수는 동학농민군에 대한 일본군의 학살을 '일본군 최초의 제노사이드(대량학살)'로 규정하기도 하였다.

새로운 차원의 정한론

일본 총리 아베가 최근 이렇게 말했다 : "중국은 어처구니없는 나라이지만 아직 이성적인 외교 게임이 가능한 반면, 한국은 그냥 어리석은 국가다." 그런데 '한국은 그냥 어리석은 국가다'라고 하는 아베 총리의 이 말은 단순히 20세기 최악의 유물인 좌우 분열 의식에 사로잡혀 남·북으로 동·서로 진보와 보수로 나뉘어 아직도 서로 물어뜯고 있는 한국의 현실을 냉소하고 깔보는 말이 아닌 치밀하게 계산된 발언이라고 한 언론은 보도한다.

"일본은 300억 달러 이상의 수교 배상금을 투입하여 일본의 노후화한 기계공단과 석유화학공단 시설을 북한, 구체적으로 원산으로 옮기는 '원산 프로젝트'를 구체화하고 있다. 아베 정권은 이를 통해 일본이 다시 한반도에 진출(?)하는 새로운 차원의 정한론의 출발점으로 삼고 있다. 지정학적으로 일본의 원산 진출은 중국·러시아의 남하를 저지하고, 남북 협력을 차단해 한국을 고립시켜 포위하겠다는 의도 역시 간과할 수 없다.(남문희, 『시사IN Live』 2014.6.5)"

재어일심(在於一心), 한마음에 있다!

좌우 분열 의식은 제국주의 일본이 이 땅에 뿌려 놓은 저주라고 혹자는 말한다. 동족을 남과 북으로, 동과 서로, 보수와 진보로 쪼개어 서로를 원수로 삼도록 하는 저주! 그 틈을 비집고 다시 일본은 한반도 진출을 노리고 있다는 보도는 섬뜩하다. '개같은 왜적 놈'이라 한 수운 선생의 말씀이 새삼스럽다.

수운 선생이 제시하는 비결은 이렇다 : "닦아서 필법을 이루니 그 이치가 한 마음에 있도다."*

이 말씀을 회암 하준천은 아래와 같이 설명하였다.

"우리 천도교나 국가가 이 흉악한 운수를 피하는 것은 재어일심(在於一心)입니다.(하준천, 『회암 하준천 천도강론』, 모시는사람들)"

---

* 『동경대전』「필법」, "修而成於筆法 其理在於一心"

동학의 비결

두 번째
비결; 크게 버려야 크게 얻는다

버려야 한다면 크게 버려야 한다는 것이니 무엇을 버리고 무
엇을 취할 것인가? 도를 닦음에 있어 우선되는 것은 무엇인가.
의심하는 것이다. 도를 추구했던 옛사람들은 말한다 : "크게 의
심해야 반드시 크게 깨닫는다." 크게 의심한다는 것은 당연하
고 상식적인 것에 의문을 제기하라는 뜻일 게다.

작은 일에 정성 들이지 말라
- 여사대도 물성소사(如斯大道 勿誠小事)

삶의 고비마다 부딪쳐오는 자잘한 문제의 해결은 그때그때의 임기
응변으로 가능하다. 지난 삶을 되돌아보면 순간의 선택이었지만 그
것이 내 삶의 고비였던 것들이 몇몇 있다. 당시에는 그 선택이 그다
지 중요하고 커다란 것이었다고 생각지 않았지만 지나고 보면 중요
한 순간이었음을 새삼 느끼는 때가 많다. 신중하지 못했음을 후회한
적이 한두 번이 아니다. 버릴 것은 버리고 취할 것은 취할 수밖에 없
는 것이 삶이다. 우리의 삶은 이러한 순간순간의 선택의 과정이 모여
이루어지는 것이다. 삶은 곧 도를 닦음이니 수도 역시 선택의 집합이
다. 낡은 해를 보내고 새해를 맞이하며 수도하는 사람이 중요하게 여
겨야 할 몇 가지 비결들을 살펴보았다.

"크게 버려야 크게 얻는다"

우리 집에서 가까운 곳에 한마음선원이라는 절이 있다. 그 절 돌 계단

에 새겨진 이 말을 보고 느낀 바가 많았다. 소소한 욕심에 메여 막상 커다란 흐름을 놓친 것에 대한 회한이 없을 수 없었다. 버려야 한다면 크게 버려야 한다는 것이니 무엇을 버리고 무엇을 취할 것인가? 도를 닦음에 있어 우선되는 것은 무엇인가. 의심하는 것이다. 도를 추구했던 옛사람들은 말한다 : "크게 의심해야 반드시 크게 깨닫는다."* 크게 의심한다는 것은 당연하고 상식적인 것에 의문을 제기하라는 뜻일 게다. 당연하고 상식적인 것이며 시대의 대세인 것이라 여겨지는 것에 대해 의문을 품고 의심하고 새로운 것을 추구하는 것은 쉽지 않다.

"크게 의심해야 크게 깨닫는다." 동학은 조선의 주류였던 성리학을 크게 의심한 끝에 얻은 큰 깨달음이다. 그러나 동학의 역사를 살펴보면 새로운 진리를 받아들이는 것이 얼마나 어려운 일인가를 쉽게 알 수 있다. 150여 년의 동학 천도교의 역사를 다 되돌아볼 필요도 없다. 수운 선생의 가족이 치른 시련만 살펴도 이는 너무도 생생하다.

용담 성지를 방문하면 태묘를 참례한다. 그 묘소는 '동학창도주수운최제우스승님'에 걸맞게 잘 단장되어 있다. 그리고 태묘 아래쪽에는 수운 선생의 부인을 비롯하여, 두 아들 그리고 며느리들의 묘도 아담하게 조성되어 있다. 이것만 보면 참으로 다복해 보이는 가족묘이다. 그러나 죽어서 백년도 훨씬 지나 양지바른 능선에 함께한 남편과

---

* 大疑之下 必有大覺

아내와 두 아들 그리고 며느리다. 그것도 목 잘려 죽고 매맞아 죽고 굶어 병들어 죽은 이들의 묘다.

혹자는 말한다. 수운은 유교의 테를 벗어나지 못했다고. 한때 나는 어리석게도 이따위 말에 고개를 끄떡거린 적이 있다. 그러나 수운 선생의 삶을 알고 역사를 알고부터는 수운 선생이 유교의 테를 벗지 못한 것이 아니라, 수운 선생이 유교의 한계를 벗지 못한 것이 아니라 동학을 한다는 내가 아직 유교의 테를 벗지 못했고, 천도교를 한다는 우리가 여전히 낡은 성리학의 테두리에서 헤메고 있다는 사실을 알았다. 수운 선생은 당신의 목숨과 가족들의 목숨과 당신의 제자들의 숱한 목숨까지 바쳐 다시개벽의 길을 열었을 뿐이다.

'다시개벽'의 길인 새로운 동학을 선택하지 못하고 유교의 테에 머물며 전통을 고수한 조선의 말로는 참담했고, 그 영향은 남북 분단으로 이어져 고통은 지금도 계속되고 있다.

"구한말(舊韓末) 동아시아에서 천 년 이상을 이어온 중국의 지배력이 흔들리고 깨지면서 우리는 큰 변화를 맞이하였었다. 그러나 외국의 침략에 맞서고 우리의 헌 것을 정화시키며 진화하려는 우리 민족이 자체적으로 생성한 새로운 흐름인 '동학'을 수용하지 못하고 오로지 기존의 지위와 세력을 유지하려는 수구에 의하여 '다양성의 공존'

이 좌절되면서 일제의 식민지라는 암흑기를 걷고 말았다."*

최근의 비이성적인 종북몰이를 보며 다양성을 잃어 가는 세태를 분석한 어느 분의 글이다. 동학을 수용하지 못한 결과는 바로 우리 민족의 일제 식민 노예화로 이어졌다는 분석은 탁견이다. 새로운 것을 용납하지 않고 무엇보다도 다양성을 수용하지 못하고 꽉 막혔던 구한말이나, 생각과 행동이 자신과 다르다고 모든 것을 종북으로 몰아붙여 권력 유지에 급급한 지금이나 별반 다르지 않다고 한다.

각각 그 기상이 있다[各有氣像]

다양성! 동학에서는 이를 '각유기상(各有氣像, 각각 그 기상이 있다)'이라 표현한다. 수운 선생은 노래하셨다 : "한울이 백성을 내시고 도 또한 내었으니, 각각 기상이 있음을 나는 알지 못했네.**"

수운 선생은 득도 전, 이 다양성을 이해하기 힘들었을지 모른다. 각자위심(各自爲心)하는 세상과 세태, 그 속에서 구도의 길, 아니 사실 방황이란 표현이 더 적절한 수운의 젊은 시절이었다. 수운 선생은 끝없이 떠돈다. 세상만물 각자의 기상에 대한 이해는 선악의 기준으로, 호불호의 기준으로 파악될 수 없는 것이었다. 그래서 이어 노래한다 :

* 박후건, 「박 정부의 '종북몰이', 구한말 전철 밟나」, 『프레시안』 2013.3.12
** 『동경대전』 「우음」, "天生萬民道又生 各有氣像吾不知"

"폐부에 통했으니 어그러질 뜻이 없고, 크고 작은 일에 의심이 없네."*

알 수 없는 세상만물의 다양성, 각유기상을 어찌하여 폐부에 와 닿도록 수운 선생은 통했을까? 통하되 폐부에 통한다는 것은 깊이 있게 철저하게 깨달아야 한다는 것이다. 통하니 뜻하는 바대로 다 이루어지고 크고 작은 일에 의심이 없다는 것이다. 자기의 것을 크게 버리니 비로소 큰 길이, 대도가 보였다는 것이다. 개개인의 개성과 다양성을 이해하지 못하고 모든 것을 획일적으로 생각하고 사유하며 남에게도 그것을 강제하고 강요하는 자기 중심에서 벗어나자 큰 깨달음의 문이 열렸다고 보아야 한다. 그리하여 수운 선생은 이어서 노래한다 : "마상의 한식은 연고지가 아니요, 우리 집에 돌아가서 옛일을 벗하고 싶네."**

수운 선생의 폐부에 통하는 큰 깨달음은 무극대도이니만큼 무선무악(無善無惡), 선악을 가리지 않았다. 선도 아니고 악도 아니었다. 이것은 현실에 대한 긍정, 현실을 그대로 수긍하고 인정한다는 뜻일까, 아니면 현실과의 타협일까? 어찌 되었던 수운 선생은 타향살이를 청산하고 고향으로 돌아간다.

---

* 『동경대전』 「우음」, "通于肺腑無違志 大小事間疑不在"
** 『동경대전』 「우음」, "馬上寒食非故地 欲歸吾家友昔事"

우리 집에 돌아가서 옛 일을 벗하고 싶네

단순히 옛 친구들을 벗하며 고향에서 여유를 누리고자 한 것은 아닐 게다. 타향과 고향은 단순히 공간적으로 구분할 수 있는 것은 아니다. 빈둥대고 시간만 때우고 있다면 고향은 퇴보와 나락의 공간일 수밖에 없다. 주위의 아는 사람들과 적당하게 타협하고 좋은 게 좋은 것이라는 적당주의에 매몰된다. 수운 선생에게 고향이란 무엇이었나. 방황의 시작, 구도의 시발점이었지만 결국은 돌아갈 수밖에 없는 땅. '중한맹서 다시 하고' 찾아들 수밖에 없었던 막다른 종점이었다. 많은 깨우침은 경신 사월 오일 전에 이미 수운의 폐부에까지 닿아 있었다. 그 깨달음을 말로, 글로, 마음으로 확신하고 정리하지 않았을 뿐. 고향 용담은 큰 깨달음을 마음으로, 말로, 글로 표현하게 한 안식처였다. 그래서 용담은 성스러운 곳, 성지다.

"이와 같이 큰 도를 작은 일에 정성들이지 말라.(「탄도유심급」)"

수운 선생의 말씀이다. 이 구절은 "남의 작은 허물을 내 마음에 논란하지 말고 나의 작은 지혜를 사람에게 베풀라"*고 한 구절 뒤에 이어지는 것이다. '작은 일에 정성 들이지 말라'는 구절 뒤에는 "풍운대수는 그 기국에 따른다."**는 말씀이 이어진다. 무엇이 크고 무엇이 작

---

*   他人細過 勿論我心 我心小慧 以施於人
** 風雲大手 隨其器局

은 것인가. 보국안민과 광제창생이라는 동학의 목표가 큰 것인가? 비록 개인적이고 사소할지언정 나의 작은 지혜를 사람에게 베푸는 것이 우선이고 큰 것인가? 풍운대수, 즉 시대의 흐름은 큰 틀에서 정해져 있으니 눈앞의 현실에 급급하지 말고 큰 흐름을 살펴야 한다는 뜻인가? 어려운 말씀이다.

"심령으로 그 심령을 밝히면 현묘한 이치와 무궁한 조화를 가히 얻어 쓸 수 있으니, 쓰면 우주 사이에 차고 폐하면 한 쌀알 가운데도 감추어지느니라."라고 한 해월 선생의 말씀에 비추어 보면, 그것이 우주 전체이든 한 쌀알이든 형상에서의 크고 작은 것이 중요한 것이 아니다. 심령을 밝히는 것, 깨달음이 중요한 것이다. 작은 일에 정성 들이지 말라 함은 심령을 밝히는 것이 우선이고 시급한 일이라는 뜻이라고 해석하면 되겠다.

"강령은 시천주라는 체험만 하는 것이지 대강령, 강화 받겠다는 생각은 금물이라. 고랑만 잘 치면 참게, 가재, 미꾸라지 등을 잡을 수 있는 것과 같이 수도만 열심히 하면 원하는 대로 한울님이 감응하신다."고 한 묵암 신용구 전 교령의 말씀 역시 '작은 일에 정성 들이지 말라.'는 말씀에 대한 자세한 설명으로, 영부니 강령이니 강화니 하며 세세하게 구분하지 말고 수도의 큰 흐름에 동참하는 것이 소중한 일이라고 새길 수 있겠다.

심령을 밝혀 얻은 깨달음이라 하여 무턱대고 드러내서는 낭패당할 수 있다. 그래서 해월 선생은 때가 아니면 감추되 지극히 작은 쌀알 가운데도 감출 수 있다고 한 것이리라. '감춘다'는 해월 선생의 말씀에 대한 친절한 해설은 회암 하준천의 아래 말씀이 제격이다.

"시공이 일정 불변한 것을 사람의 마음으로 당기거나 늦추지 못합니다. 영안(靈眼)으로는 환하게 볼 수 있습니다. 그러나 마음공부를 잘하여 영안으로 보았다 하더라도 마음이 급하여 교인들에게 함부로 말하지 마시오. 듣는 상대가 마음공부의 정도가 같으면 모르겠으나 상대의 수준이 달라서 잘 못 알아듣게 되면 탈을 냅니다. 자기 할 일만 하십시오.(하준천, 앞의 책)"

부인 도통이 많이 나리라

-일남구녀(一男九女)

"이제로부터 부인 도통이 많이 나리라. 이것은 일남구녀(一男九女)를 비한 운이니….(『부인수도』)"

남자 하나에 여자 아홉. 봉건시대의 축첩제를 옹호하는 발언이 아니다. 해월 선생이 동학교단 내에서, 혹은 후천 시대에 여성의 역할을 소중히 여겨 하신 말씀이다. 여성의 역할을 중시한 해월 선생은 또 이런 말씀도 남긴다 : "(해월신사 말씀하시기를) 앞으로 우리 교중에 십만 명 이상 지도할 부인이 십여 명 나올 것이다.(신용구, 앞의 책)"

남녀가 유별했던 당시로서는 파격적인 발언이었다. 여성의 역할을 아홉으로 한 것은 너무 과장된 것이 아닌가 하는 의문이 들지도 모르나, 120년 전 이소사(李召史)라는 '여동학(女東學)'의 활동을 보면 결코 과장이 아니다. 동학혁명 당시 여성들도 다수 전투에 참여했으며 많은 희생을 당했다. 충청도 예산의 신례원 전투에서는 관군의 밥을 해주던 노파가 동학농민군에 내응하여 관군이 잠든 사이에 포신에 물을 붓고 도망했으며, 이 때문에 '동학농민군은 바람을 부르고 비를 몰아오는 술(術)이 있어서 능히 대포 구멍에 물이 나게 한다.'는 소문이 떠돌았다는 일화도 있다. 동학군이 장흥을 공격할 때 말을 타고 지휘했다는 이소사는 많은 이야깃거리를 제공한다.

여동학 이소사

장흥 지역에는 대접주만 하더라도 이방언, 이인환, 이사경, 구교철, 문남택 등이 있었고 그 휘하에 수많은 접주들이 있었다. 장흥에서는 갑오년 겨울, 두 차례의 큰 전투가 벌어진다. 1차 전투는 관군과의 싸움으로, 이때 동학농민군은 저항하는 장흥부사의 목을 베고 장흥부를 점령한다. 동학군의 승리였다. 2차 전투는 석대들에서 전개된 항일전이었다. 신식 무기로 무장한 일본군과 전투에서 동학농민군은 숫자는 많았지만 일본군의 상대가 되지 않았다. 갑오년 12월 15일 전후의 장흥 석대들 전투는 동학혁명 최후·최대의 싸움이었다.

여동학(女東學) 이소사는 이인환 대접주 집안의 여성으로 알려져 있고, 살던 곳은 장흥부에서 40리 거리에 있었다고 한다. 장흥 지역의 동학 관련 기록과 일본의 신문에 이소사와 관련한 기록이 단편적으로 전해진다.

"장흥의 민인(民人) 등이 잡아 바친 여자 동학은 그들이 '신이부인(神異夫人)'이라 일컫는데, 요사스런 말을 하여 어리석은 백성들을 현혹한 일대 요물인지라 나주에 주둔하고 있는 일본군 진영 대대로 압송하였습니다.(「양호우선봉일기」, 동학농민혁명기념재단종합정보시스템)" "오랫동안 동학도로 활동하였으며 말을 타고 장흥부가 불타고 함락될 때 그녀는 말 위에서 지휘를 했다. 장흥부사의 부사의 목을 내친 사람이 여동학(이소사)이라는 소문이 있다.(《남도일보》, 2009.11.12)"

소사(召史)는 당시 일반 평민 중 결혼한 부인을 지칭하는 용어이다. 동학농민군이 장흥부를 공략할 때 '22세의 젊은 여인으로 두령이 되어 선두에서 말을 타고 동학농민군을 지휘'했고, 장흥부사 박헌양의 '목을 내친' 사람이 '여동학'이라는 것은 사실일까? 박헌양의 목을 친 것은 어떨지 몰라도, 두령이 되어 말을 타고 동학군을 지휘했다는 것은 사실일 것이다. 이소사는 일찍이 '꿈에 천신으로부터 깨우침'을 받았다 한다. 동학의 주문 수련을 통해 신들림과 비슷한 강령(降靈)과 강화(降話)를 체험했을 것이고 '여자 도인으로 동학교도들 사이에서는 신성한 여인으로 숭앙'받았을 것이다. '신이부인(神異夫人)' 즉 신비한 이적을 행하는 부인이라는 소문이 장흥 일대에 퍼졌을 것이다. 해월 선생의 표현대로라면 '도통한 부인[婦人道通]'인 셈이다.

이소사는 여자로서 전투의 선두에 선 만큼 단연 눈길을 끌었다. 22살의 젊은 나이에 용모도 빼어났기에 '여동학'으로 곧장 소문이 나고 화젯거리가 되었다. 장흥 석대벌에서의 동학의 패배 이후 이소사는 갑오년 12월 말, 장흥의 '민인(民人)'들에 붙잡혀 관군(소모관)에 넘겨진다. 여동학 이소사는 소모관에게 매를 맞는 고문을 당해 살가죽이 '썩어 문드러지고 숨을 헐떡이는 지경에 이르러 며칠 못살 것 같은' 지경이 되어 일본군에 압송된다.

일본군은 이소사의 남편 김양문을 찾아 수소문하고 죽어 가는 이소사를 치료하여 살리려 한다. 일본군은 이소사를 살려서 소문으로 떠도는 사실, 즉 이소사가 장흥부사를 직접 죽였는지를 확인하려 했을 것이다. 남편이 이소사를 찾아왔다는 기록도 이후 이소사에 대한 기록도 없다. 남편은 화가 자신에 미칠 것이 두려워 피했을 것이고 이소사는 고문 후유증으로 옥사했을 것이다.

청춘과부의 개가를 허하라

조선은 민란의 시대였다. 임꺽정, 장길산 등 널리 알려진 유명한 도둑떼도 수두룩하다. 조선 후기로 접어들면 전국 각지에서 해를 거르지 않고 민란이 일어난다. 평안도 지역을 휩쓴 홍경래의 난(1811)이 유명하고, 수운 선생 생전의 임술년(1862) 진주민란은 진주에서 시작하여 전국 각지에서 37차례의 농민봉기가 잇따랐다. 1864년, 수운 선생이 관에 체포되어 조사를 받는 과정에서 가장 문제가 되었던 것은 '칼노래' 즉 검가였다. 조정에서는 칼노래를 두고 민란을 꾸미고 반란을 작당하기 위한 증거로 삼아 수운을 참형한다. 이후 동학혁명이 발발하기까지 30년 동안 전국적으로 60여 차례 이상의 농민봉기가 일어난다. 해마다 몇 차례의 난리가 반드시 발생했다. 당시 농민들의 불만은 비슷했다. 관료의 탐학, 수탈, 부정부패에 항거하고 시정을 요구한 것이다. 갑오년 당시 동학농민군들이 내걸었던 폐정개혁 12개조는 조선 말기의 농민들의 요구사항이 집약된 것이라 보면 된다.

동학농민군들의 요구사항 중 '청춘과부의 개가를 허하라'는 것은 조금 별나다. 숱한 민란 가운데 여성의 인권 문제인 과부의 개가 허용을 요구사항으로 내건 민란이 있었을까? 여성의 인권이 요구사항으로 등장한 것은 아마 동학혁명 때가 처음일 게다. 농민군이 '청춘과부의 개가'를 제기했다는 것은 그만큼 이 사안이 사회적으로 심각한 상황이었음을 보여준다.

효자 · 열녀라는 사기극

오늘날 전국 각지의 동네 어귀의 돌에 새긴 국민 표어는 '평화통일' 또는 '바르게 살자'이다. '충효(忠孝)'라는 표지석도 여전히 많다. 조선 시대에는 충효를 장려하는 정려(旌閭)를 세웠다. 정려는 충신 · 효자 · 열녀가 사는 마을에 붉은 홍살문인 정문(旌門)을 세워 그 인물의 존재를 알리고 명예를 높이는 방법이었다. 우리가 흔히 보는 효자각이나 열녀문이 그것이다.

조선의 법률인 『경국대전』에는 1년에 한 번 정기적으로 관찰사가 효자 · 열녀를 조사해서 중앙정부에 보고하도록 하여 이들을 표창하고, 병역 면제 · 세금 감면 등의 혜택도 주었다고 한다. 그런데 보고되는 효행이 거짓이라는 것은 그 고장 사람들도 관청에서도 다 알고 있었지만, 이를 지적하다가는 효를 부정한다는 오명을 듣기에 다 모르는 척할 뿐이었다. 이런 효자놀음을 혹자는 윤리를 가장한 사기극이었다고 단언한다.

열녀에는 종류가 몇 있었다. '절부(節婦)'는 남편의 사망 이후 개가하지 않은 여성이고, 열부(烈婦)는 남편 따라 죽은 경우였다. 조선의 열부는 대부분 강요된 열부였다. 집안의 명예와 병역 · 세금 혜택을 노리고 집안 어른이라는 남성들이 여성에게 죽음을 강요한다. 다산 정약용은 말한다. "남편이 편안히 천수를 누리고 안방 아랫목에서 조용히 운명하였는데도 아내가 따라 죽는다. 이는 스스로 제 목숨을 끊은 것일 뿐 아무것도 아니다."

다산 정약용은 효행과 열행의 허구성을 과감하고 날카롭게 지적한 거의 유일한 인물이었지만, 그것은 다산의 책 속에 있는 말일 뿐이었고, 다산 이후에도 바뀐 것은 없었다고 한다. 동학농민군들이 '청춘과부의 개가'를 요구한 것은 여성 인권 문제에 대한 대중적이고 본격적인 문제 제기라 봐도 된다.

"열녀 났네!"

우리는 흔히들 "열녀 났네!"라는 말을 조롱, 비아냥거리는 뜻으로 사용한다. "열녀 났네!"라는 말이 이렇게 사용되는 것을 알면 가부장제의 희생양으로 '개죽음'을 당한 '열녀'들의 원혼이 비통해할 일이지만, 열녀라는 말의 역사적 연원을 제대로 알 필요는 있겠다.

'열녀'라는 말은 조선 이전의 고려 시대에는 없는 것으로, 조선 사회가 유교적 가부장제를 지향하는 과정에서 '발명'된 것이라 하니, 유교의 가부장제는 우리가 생각하는 이상으로 여성에게는 잔혹한 제도이다. 조선 시대 후기로 접어들면서, 조선의 가족제도는 부계친족 제도, 곧 유교적 가부장제로 재편된다. 어느 연구자는 유교적 가부장제에 대해 이런 혹평을 가한다.

"극도의 남성 중심주의로서, 남성의 욕망을 여성에게 일방적으로 관철시킴으로써 작동하는 시스템이었다. 예컨대 열녀 담론은, 남성이 복수의 여성과 성관계를 맺을 수 있는 데 반해 여성은 사회적으로 인정된 단 한 사람의 남성과 성관계를 맺어야만 한다는 남성 중심의 성적 욕망을 윤리화한 것이었다.(강명관, 『열녀의 탄생』)"

이러한 언급은 조선 시대 가부장제에 대한 평가이지만, 작금의 대한민국 사회에도 그대로 적용된다. 남성 위주의 유교적 가부장제는 아직도 펄펄 살아 우리 사회에서도 여전히 영향력을 발휘한다.

대통령도 여성이고 여성 장관도 있지만, 여전히 우리 사회는 여성들이 살아가기에는 불편한 사회다. 얼마 전 여성부장관이 자신이 결혼하고 아이 낳고 일을 병행하던 때의 경험담을 이야기하면서 '나도 다시 태어나면 남자가 되고 싶었을 정도'라고 한 말이 생생하다.

지난해 연말 28세의 여성 '오 대위'는 직속상관의 지속적인 성추행과 가혹행위에 시달리다 스스로 목숨을 끊었다. 그는 유서에서 이렇게 말한다. "저는 명예가 중요한 이 나라의 장교입니다. 짓밟힌 제 명예로 살아갈 용기가 없습니다. 정의가 있다면 저를 명예로이 해주십시오." 군사법원이 가해자에게 집행유예라는 가벼운 판별을 내리면서, 이 사실이 언론을 통해 알려져 많은 이들을 분노케 하였다. 여성들에게 많은 짐을 지우는 대한민국이라는 사회는 남성에게도 결코 좋은 사회가 아니다.

그러므로, 다시금 되새긴다. "이제로부터 부인 도통이 많이 나리라. 이것은 일남구녀(一男九女)를 비한 운이니…." "앞으로 우리 교중에 십만 명 이상 지도할 부인이 십여 명 나올 것이다."

여성의 역할을 중시한 해월의 이러한 말씀이 우리 사회에 실현되려면 우리는 더 많이 반성하고 각성해야 한다.

일남구녀! 이 말씀은 앞으로도 여전히 '동학의 비결'로 남아 있을 듯하다.

모든 책임은 지도자에게 있다

- 책재원수(責在元帥)

세월호 침몰로 배에 갇힌 승객들을 한 명도 구조하지 못한 무능·무책임한 정부와 대통령에 대한 비판이 거세지자 어떤 사람이 트위터에 이런 글을 올린다 : "대통령은, 특히 박근혜 대통령은 하늘이 내려주신 우리의 대통령이다. 우리가 그 존엄성을 인정해서 우리의 국가가 무난히 항해를 할 수 있도록 협조해 주고 지탱해 줘야 한다. 우리는 과연 국가를 위해 목숨을 바칠 준비가 되어 있는가?"

이 글에 대해 누군가가 토를 단다 : "민주주의를 부정하고 왕권신수설을 주장하는 자입니다. 저쪽 땅(북한: 필자 주)에서나 나올 법한 말들인데 사상이 강하게 의심되네요."

명색이 민주공화국인 대한민국에서 선거로 뽑은 대통령을 '하늘이 내려주신 대통령'이라며, 비판해서는 안 된다고 하는 낡은 봉건적 생각을 지닌 사람들도 여전히 많다. 오히려 120년 전 동학혁명 당시의 수많은 동학농민 군졸들의 생각이 훨씬 앞서 있었다.

아니다 그렇다[不然其然]

동학의 기본 경전인 『동경대전』은 「포덕문」, 「논학문」, 「수덕문」, 「불연기연」 4편의 긴 글과 여러 편의 짧은 시·산문으로 구성되어 있다. 「불연기연」은 '그렇지 않기도 하고 그렇기도 한' 만물과 세상사에 대한 의문과 그 궁극적인 근원을 탐구하고 있는, 어렵기도 하고 쉽기도 한 글이다. 수운 선생은 1863년 11월 「불연기연」을 지었고, 12월 10일 체포되어 이듬해 3월 대구장대에서 참형된다. 수운 선생이 마지막으로 발표한 글이라 할 수 있다.

"불연은 알지 못하므로 불연을 말하지 못하고, 기연은 알 수 있으므로 이에 기연을 믿는 것이라. … 기필키 어려운 것은 불연이요, 판단하기 쉬운 것은 기연이라. 먼데를 캐어 견주어 생각하면 그렇지 않고 그렇지 않고 또 그렇지 않은 일이요, 조물자에 부쳐 보면 그렇고 그렇고 또 그러한 이치인저."*

이런 구절을 보면 「불연기연」은 만물의 근원을 헤아리는 철학적이고 사변적인 글이지만, 「불연기연」에는 이런 구절도 있다 : "임금은 맨처음 자리를 전해준 임금이 없건마는 어디서 법강을 받았는가?" 수운 선생은 정치적 현실의 근원에 의문을 나타내면서, 불연기연의 논리

---

* 不知不然 故不曰不然 乃知其然 故乃恃其然者也 …難必者不然 易斷者其然 比之於究其遠則 不然不然 又不然之事 付之於造物者則 其然其然 又其然之理哉

를 권력의 정통성과 그 근원에 대한 문제로까지 확장시킨다. 수운 선생은 스스로 묻지만 「불연기연」에는 '알 수 없고 또한 알 수 없는 일'이므로 불연이라 할 뿐 명확한 답은 하지 않는다.

"임금은 맨 처음 자리를 전해준 임금이 없건마는 어디서 법강을 받았는가?" 라는 이 질문에 대한 적절한 대답을 제시한 분은 해월 선생을 이어 동학의 3세 교조가 된 의암 손병희 선생이다.

'임금은 처음에 인민 가운데로부터 세운 명칭이요, 인민은 처음부터 임금의 기른 바가 아니니라. 그러므로 백성이 오직 나라의 근본인 것은 밝기가 불 본 듯하도다.(『의암성사법설』 「명리전」)."

동학농민군에게 임금은 어떤 존재였나? 임금은 그렇기도 하고 그렇지 않기도 한 그런 것이 아니었다. '백성이 오직 나라의 근본'이며 '임금은 인민 가운데서 대표로 내세운 것일 뿐'이었기에 나라의 잘못된 정치의 시정을 요구하며 동학농민군들은 혁명의 깃발을 든다.

탐학한 방백 수령들을 어찌 역적이라 아니하겠는가

1894년 4월, 초토사 홍계훈은 몰래 오가는 동학도 수십 명을 붙잡아 취조하여 조정에 보고한다.

"동학도 : 우리는 충효를 근본으로 하며 조정에 가득한 역적을 제거하려는 것이다. 어찌 우리를 역적이라 하는가?

문 : 너희들은 관을 적으로 보고 항전하고 있다. 어찌 역적이란
　　칭명을 면할 수 있겠는가?

동학도 : 우리는 단지 역적의 병사를 적으로 삼았을 뿐이다. 어
　　　　찌 왕명을 받든[奉命] 경군과 감히 저항하였다고 하는
　　　　가.

문 : 누구를 역적의 병사라고 생각하는가?

동학도 : 탐학한 방백 수령들을 어찌 역적이라 아니하겠는가."

　120년 전 동학농민군들은 차마 임금을 역적이라고 하지는 않았지
만, 탐학한 관리들이 나라를 망치는 역적이라는 사실은 분명히 인식
하고 있었다. 왜놈들이 들이닥치자 국가를 위해 목숨 바칠 각오를 단
단히 하고 결전에 나섰던 진정한 애국자는 동학농민군뿐이었다.

　고종은 잘못이 생기면 무조건 아랫사람에게 책임을 물었다. 고종
은 11살의 어린 나이에 왕이 되었다. 즉위 이후 고종의 첫 명령이 자
신에게 군밤을 주지 않았던 계동 군밤장수를 처형하라는 것이었다고
한다. 그 명령이 실행되었는지는 알 수 없으나, 고종은 철저한 왕권신
수설을 신봉했던 전제군주였다. 고종은 자신의 웅대한 지략을 자부
한 나머지 불세출의 자질을 가지고 있다고 판단하고 정권을 혼자 거
머쥐고 분주한 나날을 보낸다. 외교 업무는 거의 혼자서 일을 처리했
지만, 만일 하나라도 잘못이 생기면 무조건 아랫사람에게 죄를 돌리

기 때문에 외교를 담당한 대신들은 면피할 생각만 했다. 고종은 국가에 대한 개념이 없었다. 백성들이 죽어나든 말든 자신의 권력, 즉 왕권만 보존하면 되었다. 그러한 생각이 행동으로 드러난 대표적인 사례가 외국군을 끌어들여 동학농민군들을 학살한 일이다.

동학혁명이 나기 한 해 전, 보은취회 때도 청국군을 불러들이려 했다. 어윤중을 선무사로 보내놓고도 초조한 나머지, 왕은 차병론(借兵論)을 꺼낸다. 보은에 모여든 동학도들이 서울로 밀고 올라오면 왕 자신과 왕족들의 권력이 위태롭게 되는 것만이 걱정거리였다. 대신들의 반대로 청국군을 불러들이는 것을 중단하는 척하지만, 밀령을 내려 원세개에게 차병에 관해 문의한다. 청국의 원세개는 "경군과 강화병 1천 명을 충청도로 파견하는 것이 좋겠다."고 훈수하고, 조선에 대한 주도권을 유지하려는 속셈으로 대포와 소총 등 신식 무기를 보내줄 뿐이었다. 고종이 지키려던 것은 왕권이지 국권이 아니었다. 외국군을 끌어들여 동학농민군을 학살하고 고종은 왕 자리는 보존했지만, 나라는 결딴나고 식민지로 전락한다.

선조와 이승만

백성들이야 죽어나든 말든 자신만 살면 된다고 생각했던 것은 고종만이 아니었다. 1592년, 임진왜란 때다. 믿었던 신립 장군마저 일본군에 패하고 전사했다는 소식에 왕은 겁에 질려 대신들을 불러 모아

파천(播遷: 임금이 도성을 버리고 피난 가는 것) 얘기를 먼저 꺼낸다. 왕은 대신들의 반대를 뿌리치고 한양을 버리고 도망친다. 압록강변에 도착한 왕은 강 건너 중국땅으로 도망가겠다며 고집을 부린다. 신하들이 반발하고 명나라가 오지 말라고 하자 그제야 주저앉았다.

1950년, 6·25 때다. 북에서 탱크를 앞세우고 내려오자 이승만 대통령은 서울을 빠져나가려 하고, 외국인인 주한 미국대사가 서울을 사수하다 버틸 수 있을 때까지 버텨 달라고 대통령에게 호소한다. 그러나 대통령은 6월 27일 새벽 2시, 내각이나 국회에도 알리지 않고 4명의 수행원만 데리고 대구까지 내뺀다. 너무 멀리 왔다고 생각했는지, 다시 대전으로 올라온다. 그리고 6월 27일 밤 10시, 생방송인양 사전 녹음한 '서울사수' 방송을 틀어대고선, 6월 28일 오전 2시반경, 한강 인도교를 폭파한다. 때이른 한강다리 폭파로 서울시민 대부분과 국군 주력부대, 많은 군사장비들이 고스란히 한강 북쪽에 남게 된다. 3개월 후 인천 상륙 작전으로 서울이 수복되자, 인민군 치하에 남았던 많은 서울 시민들은 자기들을 버리고 떠난 정부로부터 부역, 친공, 북한 협력 등의 혐의로 처벌받거나 처형된다.

책재원수(責在元帥)

2014년, 세월호. 승객을 버리고 가장 먼저 탈출한 사람이 선장이고 선원들이다. '가만히 있어라.'라는 승무원의 방송에 대다수 어린 학생

승객들은 탈출하지 못한다. 세월호 승무원 중 선원직 승무원은 전원 탈출하여 목숨을 부지한다. 끝까지 남아 어린 학생 승객들을 구했어야 할 어른들은 다 도망가 버리는 상황에 대해, 학생들은 "어른들 말을 듣는 게 항상 옳은 건 아니라는 생각이 든다."고 말한다. 어른들도 가슴 아프긴 마찬가지다. "그 또래 손주들이 있는 주위 할배, 할매들이 여행이고 약속이고 다 취소하고 집에 들어앉아 티비만 지켜보며 하도 울어서 눈이 퉁퉁 부어 있다. 아이들이 배 안에 있는 걸 뻔히 알면서도 죽어 가게 만드는 나라가 나라냐?"며 가슴을 친다.

세월호 참사의 희생자·실종자 가족들은 정부의 부실한 구조작업과 거듭되는 거짓말에 좌절한다. "침몰한 세월호뿐 아니라, 어쩌면 한국 사회 전체가 침몰하고 있다."고 느끼는 국민들도 많다. '침착하게 제자리를 지키며' 윗사람들의 말만 믿고 살아온 대다수의 국민들 역시 의심하고 불안해한다. 특히, 세월호 참사와 관련하여 정치적·실제적 책임이 대통령에 있음에도 자신은 잘못 없고 관료들만 단죄하는 대통령을 보면서 국민들은 분노한다.

"위가 미덥지 못하면 아래가 의심하며 위가 공경치 못하면 아래가 거만하니 이런 일을 본다 해도 책재원수 아닐런가."

수운 선생의 『용담유사』「도수사」에 나오는 말씀이다. 책재원수! 책임은 지도자에게 있다고 수운 선생은 말씀하신다. 우리 사회의 분노와 의심, 불안의 원인과 책임이 정치 지도자나 국정 책임자에게만 있는 것은 아니겠으나, 가장 큰 책임이 지도자에게 있음은 분명하다.

그래서다. 지난해 연말 동학을 계승한 천도교의 여러 단체에서는 시국선언을 통해 '책재원수'라는 수운의 말씀을 언급하고, '민생 파탄과 불통의 정치, 그리고 국정원 등 국가기관의 대선 불법 개입에 대한 책임'을 대통령에게 엄중히 물었다.

"책재원수(責在元帥, 모든 책임은 지도자에게 있다)라고 하였습니다. 현재의 대한민국의 혼란과 분열의 모든 책임은 최고 지도자인 대통령에 있습니다."*

---

* 「시국선언문」, 2013.12.4, 국정원 등 국가기관 대선 불법 개입과 민생파탄을 규탄하는 천도교 공동대책위원회.

지식인과 양반과 부자는 들어오지 말라
- 삼불입(三不入)

동학의 은도(隱道)시대, 숨어 다니며 동학을 할 때에 생긴 말로 '삼불입 (三不入)'이라는 말이 있었다. '유반부 불참(儒班富不參)'이라고도 했다. 곧 '유학자 · 선비는 들어오지 말라, 양반은 들어오지 말라, 부자는 들어 오지 말라.'는 것이다. 이 세 부류에 드는 이들은 비록 뜻이 있어 동학 에 입도했더라도 결코 거들먹거리거나 뽐낼 수 없었다 한다. 어떤 사 람들이 주로 동학에 들었는지는 동학혁명 1년 전, 보은취회에 모인 사람들의 성향을 분석한 어윤중의 보고서에 잘 나와 있다.

세찬 물이 밀려들 듯하였으며 들에 지른 불같이 타올랐다

동학혁명이 나기 1년 전, 보은집회에는 2만3천여 명의 동학도가 모여 들었다. 당시 선무사 어윤중은 조정에 장계를 올려 "매일 수천 명씩 세찬 물이 밀려들 듯하며 들에 지른 불같이 타올라 막아낼 수가 없었 다."고 하면서 집회 참가자들의 성향을 아래와 같이 분류하였다.

"첫째, 경륜과 재기를 가졌으나 막혀서 뜻을 얻지 못한 이가 따랐으며, 둘째, 탐관오리들의 횡포에 격분하여 백성들을 위해 막아보려고 목숨을 걸었던 이가 따랐으며, 셋째, 오랑캐들이 우리나라 이권을 빼앗는 데 통분하여 무턱대고 큰소리치던 이가 따랐으며, 넷째, 탐학스러운 장수와 권력을 휘두르는 관리들의 침탈 행위와 학대를 어디에도 신원하고 호소할 길이 없는 이들이 따랐으며, 다섯째, 경향각지에서 무력으로 위협하고 억누름에서 스스로를 보전할 길이 없는 이가 따랐으며, 여섯째, 서울 이외의 곳에서 죄를 짓고 도망다니는 이가 따랐으며, 일곱째, 감영과 고을에 속한 벼슬아치들이 의지할 데 없어 각처에 흩어져 있는 이가 따랐으며, 여덟째, 양곡이 떨어진 농민과 손해 본 장사꾼들이 따랐으며, 아홉째, 어리석은 이들이 풍문에 따라 들어가면 살 수 있다고 하여 따랐으며, 열째, 빚 독촉을 참을 수 없는 이가 따랐으며, 열한째, 상민과 천민으로서 신분을 벗어나려고 하는 이가 따랐다.(어윤중, 「장계」)."

어윤중은 '오랑캐들이 우리나라 이권을 빼앗는 데 통분하여 무턱대고 큰소리치던' 사람들이 모였다고 했지만, 예나 지금이나 무얼 모르고 '무턱대고' 목소리만 높여서는 제대로 사람들이 모이지 않는다. 사람이 모이는 데에는 분명한 이유가 있어야 하고 추동하는 핵심 조직이 반드시 있어야 한다.

동학혁명이 일어나던 시기 조선 전체가 일본과 청나라 상인들의 공산품 시장 경쟁에 피해를 보고 있었고, 조선의 전통 상인과 수공업자들 그리고 가내 수공업에 종사해 온 농민들은 큰 타격을 입는다. 특히 위정자들의 무분별한 무역 개방 조치로 쌀을 비롯한 곡물이 일본으로 대량 유출되면서, 쌀의 주 생산지였던 호남 지역 농민들의 피해는 극심했다. 광활한 평야에서 많은 쌀을 생산한다고 해서 형편이 더 나을 것은 없었다. 호남 지역에서 국가 재정의 절반 이상을 부담했다. 그만큼 호남 지역의 농민들은 피해가 많았고 더 저항적이었고 동학의 집회에 적극적이었다. 충청도 보은집회에 모인 사람들의 절반 이상이 호남 지역의 동학도였다.

그들은 그냥 무턱대고 목소리를 높인 것이 결코 아니었다. 동학농민군들은 무엇 때문에 자신들의 삶이 '안녕'하지 못한지를 잘 알고 있었다. 동학이 내세운 '보국안민 척양척왜'의 깃발은 당시 농민(=백성)들의 뜻을 잘 대변하고 있었다. 물이 밀려들 듯 들판에 지른 불이 타오르는 기세로 사람들이 모이기 시작했다. 동학이라는 조직은 희망이었고 대안이었다.

유반부 불참(儒班富不參)

1860년 4월 5일, 수운 선생은 홀연히 무극대도를 깨닫는다. 소문이 나면서 경주 용담은 동학하려는 사람들로 인산인해를 이룬다. 사람들이 모이니 관에서는 동학을 예의주시한다. 수운 선생은 관의 지목을 피해 남원 은적암에 은신하여 동학의 기본경전인 『동경대전』, 『용담유사』의 핵심 부분을 집필한다. 수운은 다시 경주로 돌아와 경북 일대를 순회한다. 영덕에서 이런 말씀을 남긴다.

"(수운대신사 말씀하시기를) 나라를 망치게 하는 것은 똑똑한 사람이 그렇게 한다. 즉 지식계급이 망치고 무식한 사람이 망치지는 않는다. 한 가정과 문중을 보아도 똑똑한 사람이 망친다.(신용구, 『글로 어찌 기록하며』)"

평안북도 정주 지역의 3·1운동의 주역이었던 김진팔 선생은 갑오동학혁명 직후 평안도 지역의 동학 바람을 '유반부 불참'이라는 시각으로 소개하기도 하였다. 갑오년 이후 동학은 봉건 정부의 지목이 덜 미치는 평안도와 함경도의 서북 지방에서 급속히 성장하고 있었다. "정주 지역의 손꼽는 세력 있는 사람만 먼저 입도시켜 놓으면 겸하여 포덕도 썩 잘 될 것이라는 생각이 어리석었다. '유반부 불참'이라 한 대신사의 말씀에 따라 농촌의 순실한 농민들만 찾아다니면서 간곡하게 도를 권유하고 포덕하여 정주 지방의 포덕이 그때부터 굉장히 났다."(『당성』, 1932.1)고 하였다.

1960년대 천도교 교령을 역임한 묵암 신용구 전 교령도 비슷한 말씀을 남겼다.

"참된 교인은 중앙총부에 출입하는 분 중에 많지 않고 논밭에서 열심히 일해 손발이 불갈구리 같은 분 중에 많다. 사람이 근기가 없으면 재주는 뛰어나도 덕은 얇다.(신용구, 『글로 어찌 기록하며』)"

'삼불입'이나 '유반부 불참'이라는 말은 봉건 계급 사회의 기득권자인 선비나 양반, 부자는 동학이 내세운 '시천주', '다시개벽'의 기치와는 어울리지 않았음을 뜻한다. 물론 시대가 변하면서 '삼불입' 또는 '유반부 불참'이라는 의미는 많이 퇴색하였다.

우선 해월 선생은 '우리 도인의 지금에 보는 정상으로는 보리밥에 거칠은 옷을 입고 도를 닦으나, 이 다음에는 능히 높고 큰 집에 살면서 쌀밥을 먹고 비단옷을 입고 좋은 자리에 앉아서 도를 닦을 것'이라고 예언하셨고, 그렇게 되었다. 동학을 천도교로 이름을 바꾸면서 의암 선생은 천도교는 '문호적·편파적' 종교가 아니요, '개방적·광박적' 종교라 선언하기도 하였다.

장태장군 이방언

삼불입이라 하여 '유학자 선비는 들어오지 말라, 양반은 들어오지 말라, 부자는 들어오지 말라.'고 했지만, 예외도 많았다. 대표적인 예가 장흥 대접주 이방언(李邦彦, 1838~1895)이다. 이방언은 이백 석 이상을 했던 지주계급에다 어려서부터 유학 공부에도 열심이었다. 양반에다 공부도 했고 부자이기도 했으니, 삼불입의 세 가지 모두에 해당되었다. 이방언이 동학에 입문한 것은 정의감 때문이었다. 1888년 장흥 지역에 가뭄이 들어 흉년이 계속되었음에도 관아의 세금 독촉이 계속되자 장흥부사를 찾아가 감세를 청원한다. 뜻을 이루지 못하자 다시 전주감영을 찾아가 감사를 직접 만나 세금을 감면받는다. 이후 동학에 입도한다. 동학혁명이 일어났을 때 이방언은 50대로, 당시 노인 대접을 받는 나이임에도 앞장서 대접주로 활약했다. 장성 황룡촌 전투에서 대나무 껍질에 총탄이 맞으면 퉁겨 나간다는 사실에 착안, 닭장태를 본뜬 총탄 방어 기구를 만들어 그것을 굴리며 진격하여 신식 무기로 무장한 관군을 상대로 승리를 이끌었다. 이때부터 이방언은 장태장군으로 불렸다.

갑오년 12월, 최대 3만 명에 이르는 동학농민군은 장흥부사 박헌양 등 96명의 장졸을 전사시키며 장흥부를 점령한다. 그러나 일본군과의 석대들 전투에서 농민군은 2천 명 이상의 전사자를 내며 처참히 패배한다. 이방언은 체포되어 서울로 압송되지만, 뜻밖에 무죄 선고를 받고 석방된다. 대원군의 지원 때문이라는 소문이 전해진다. 이방언은 서울에서 석방되었지만 곧바로 고향집으로 돌아오지 않고 고향 근처인 보성에 숨었다. 그러나 다시 붙잡혀 아들 성호와 함께 장흥에서 분살형(焚殺刑, 짚을 씌워 불에 태워 죽이는 것)으로 참혹한 죽음을 당한다. 그의 나이 58세였다.

해학 이기

전봉준을 비롯한 동학혁명의 지도부는 대부분 평민 지식인들이었다.

장태장군 이방언의 경우도 그렇지만 대부분 1890년 무렵 동학에 입도한다. '사람이 곧 한울[人乃天]'이라는 동학의 평등사상에 감화되었고 동학혁명의 대열에 기꺼이 동참한다. 한편, 농민군이 전주를 점령하고 전주화약을 맺은 뒤 집강소를 설치하면서 세상이 바뀔 듯하자, 관망하던 이들도 동학의 문을 두드린다. 이런 사람 중에 이기(李沂, 海鶴, 1848~1909)라는 사람이 있다. 이기는 김제 사람으로 구례에 살고 있었다. 농민군이 전주를 점령하고 전주화약을 맺은 뒤 집강소를 설치하자 전봉준을 찾아간다.

이기는 "지금이 군대를 이끌고 서울로 들어가 정부를 뒤엎고 간악한 무리를 베어 버리고 주상을 받들어 국헌(國憲)을 일신할 때이며, 빨리 실행에 옮기는 것이 좋다."며 전봉준을 설득한다. 전봉준은 '수령으로 자못 호쾌하여' 이기의 말을 옳다고 여기고 "나는 말대로 따르겠다. 남원에 김개남이 있는데 공이 가서 만나 보라."고 한다. 이기는 즉시 달려 남원에 이르렀으나 김개남은 거부하고 만나지도 않고 오히려 해치려 하므로 구례로 도망친다.

김개남에게 쫓겨 구례에 머물고 있던 이기는 동학혁명이 막바지로 치닫고, 전봉준·김개남 등이 체포되던 12월 초순 무렵 구례에서 '의병'을 일으켜 관군·일본군과 함께 농민군을 탄압하는 데 앞장선다. 이기가 중심이 된 구례 '의병'들은 일본군과 관군이 구례를 떠난 뒤에도 동학군 7명을 잡아 목매어 죽이고 '나머지 무리들은 위협하여 따르게 하였으며 더 이상 분란이 없게 하는 '공'을 세운다. 그 공으로 이기는 『갑오군공록(甲午軍功錄)』에도 이름을 올린다.

을사조약이 체결된 뒤에는 한성사범학교 교관으로 젊은 인재들을 키우는 일에 앞장섰고, 장지연 등과 함께 대한자강회를 조직하는 등 민중계몽에 정열을 쏟는다. 1907년, 나인영 등과 함께 을사오적을 죽이려다 실패하고 체포되어 섬으로 유배되었다 풀려나 1909년 망국을 직감하며 서울의 한 거리에서 죽는다. 이기는 나름대로 애국적인 삶을 살았다. 이기의 이러한 삶에 대해 혹자는 이러한 의문을 던진다.

"전봉준은 지식인의 양면성에서 긍정적인 측면을 보고 이기와 함께 할 수 있다고 생각하고, 김개남은 그 부정적인 속성을 헤아려 그를 내쳤던 것일까. 전봉준의 판단대로 그를 농민군 진영에서 썼더라면 그의 그 뒤 행적은 어떠했을까? 김개남은 이기의 기회주의적인 속성을 미리 알고 해치려 했던 것일까? 누구의 판단이 옳았을까?(박준성, 『박준성의 노동자 역사 이야기』)"

도는 본래 국한할 수 없다[道本不器]

이제 누구도 삼불입이나 유반부 불참을 말하지 않는다. 시대가 변한 것이다. 그러나 동학하는 사람들은 동학 시대의 '삼불입'의 교훈만큼은 되새겨볼 필요는 있겠다. 삼불입을 얼핏 보면 출신 성분을 따지며 계급적 관점을 강조한 것이라 생각할 수 있으나, 좀더 깊은 뜻은 근기

(根氣)와 덕(德)의 문제이다.

삼불입은 누구보다도 먼저 수운 선생이 실천하였다. 글줄 깨나 읽은 쟁쟁한 지식인 출신의 제자가 아닌, 제지공장 노동자 출신의 해월을 후계자로 세운 것이다. 수운 선생은 해월의 재주나 출신 성분을 본 것이 아니라 근기를 보았다. 세속적인 성공이나 재주가 사람을 평가하는 기준이기도 하지만, 긴 안목에서 앞으로의 가능성을 보는 것이 삼불입의 교훈일 게다.

도본불기(道本不器)! 도는 본래 그릇이 정해진 것이 아니라, 작게 쓰면 물 한 방울을 채워도 넘치고, 크게 쓰면 우주를 채워 넣어도 넘치지 않는다 했다. 수운 선생은 딱하리만큼 수련에 열성이었던 해월의 근성을 보면서 물건, 즉 큰 그릇이라 판단한 것이다.

나를 향해 위패를 놓고 밥그릇을 놓는다

- 향아설위(向我設位)

2년 전 서학(천주교)의 한 신부는 18세기 이래 200년에 걸쳐 동아시아 지역에서 수많은 순교자들이 배출된 결정적인 이유가 '조상 제사 금령'이었다며, 아시아를 포함한 제3세계에서 서구 제국주의가 함포를 앞세우고 침략할 때 교황청이 '조상 제사 금령'을 내린 것은 문화와 종교 차원에서의 '제국주의'라고 비판한다. 그리고 교황청이 교리를 경직되게 해석하여 탄압의 빌미를 준 데 대해 반성하고 과오를 인정하고, 공식적으로 사과할 것을 요구했다. 그러면서 말한다 : "지극한 부모 및 조상 공경이 바로 천명에 의거한 하느님 공경의 참된 표징으로 간주되어야 마땅하다."*

때늦은 각성이지만 로마교황청에서 2백여 년 전의 과오를 인정하고 공식적으로 사과했다는 소식은 아직 없다.

* 『가톨릭 뉴스 지금 여기』 2012.10.18

진산사건

서학이 조선에 처음으로 전래될 당시, 우리가 잘 아는 다산 정약용 등 조선의 지식인들은 서학이 유교와 배치되지 않고 유교를 보충한다는 '보유론(補儒論)'의 차원에서 서학을 받아들였다. 1791년, 다산의 외가 집안 친척이기도 했던 윤지충(尹持忠, 1759~1791) 등은 제사를 거부하고, 위패를 불태운다. 전라감사가 제사를 폐지한 이유를 묻자 "제사 음식은 육신의 양식으로 영혼에게 음식을 드리는 것은 허례허식이며, 신주는 나무에 불과한데 죽은 영혼이 물질적인 나무에 붙어 있을 수 없다."고 답하고 순교한다. 유명한 '진산사건'이다. 이후 정약용 등 많은 지식인들은 서학과 멀어진다. 진산사건은, 교황청이 조상에게 제사 지내는 것이 우상숭배이기 때문에 당장 폐지하라고 해서 일어난 사건이었다. 이 사건을 계기로 서학은 '무부무군(無父無君)'을 조장하는 사교'로 낙인찍힌다.

서학이 조상에 대한 제사를 거부하지 않고 순조롭게 조선에 뿌리를 내렸다면 아마 동학은 없었을 수도 있었다. 역설적이지만 조상에 대한 제사를 거부하고 현실의 삶에는 부정적이고 죽은 이후의 내세를 강조하였던 서학을 비판하면서 수운 선생은 동학을 창도한다 : "우습다 저 사람은 저의 부모 죽은 후에 신도 없다 이름하고 제사조차 안 지내며 오륜에 벗어나서 유원속사 무삼일고. 부모 없는 혼령혼백 저는 어찌 유독 있어 상천하고 무엇하고 어린 소리 말았어라.(「권학가」)"

2백여 년 전 서학이 이 땅에 뿌리를 내릴 무렵, 제사는 조상숭배를 둘러싼 첨예한 정치적 논쟁이고 권력 투쟁이었지만, 오늘날 제사는 '양성평등'의 차원에서 문제가 되고 있다.

피자라도 좋다, 제사만 올려다오!

조상을 추모하는 아름다운 전통이라 포장된 한국의 제사나 차례 문화는, 사실 며느리들의 가사 노동으로 유지되고 있다 해도 과언이 아니다. 며느리로선 얼굴조차 본 적이 없는 조상들 아닌가. 제사나 차례를 지낸 뒤, 명절 후유증은 여러 모습으로 나타난다. 병원에는 명절증후군으로 앓아 눕는 사람이 늘고, 법원에는 이혼 접수가 증가한다. 설이나 추석 뒤에는 명절로 인해 받은 상처와 스트레스를 쇼핑으로 보상하려는 탓인지 택배도 증가한다고 한다.

그래서다. '웃는 명절' 캠페인을 통해 '명절증후군'을 완화시키며, 남녀가 좀더 평등하게 일하고 즐겁게 설·추석을 지내자는 데에는 많은 분들이 공감한다. 명절만 되면 언론에서도 특집으로 명절증후군을 다룬다. 몇 해 전이다. 모 일간지에서는 '행복한 설을 위해서는 문화혁명'이 필요하다는 거창한 제목의 사설을 통해 명절증후군의 가장 중대한 원인인 가사노동의 문제를 지적한다.

"준비하는 음식 가짓수를 대폭 줄이고, 음식 준비와 설거지 등 가사 노동도 온 가족이 공평하게 부담하도록 만들자. 물론 이런 변화는 남성들이 주도해야 한다. 시가 어른들 앞에서 며느리들이 반란을 일으키는 것보단 충격을 줄일 수 있기 때문이다.(〈한겨레신문〉, 2007.2.16)"

그러나 이러한 사설에서 주장하는 '변화'라는 것은 사실 구체적인 대안이 될 수 없다. 기존의 제사 양식을 그대로 유지하면서 남녀평등, 양성평등, 가사노동 분담 등을 아무리 외쳐도 그 형식이 가지는 한계로 해서 내용을 제대로 담을 수 없기 때문이다. 기존의 제사 문화로는 아무리 남성들이 부엌 출입을 자주한다 한들 가사노동이 공평하게 나누어질 수는 없는 때문이다. 어느 분은 말한다 : "가장 좋기는 간소한 제사이지만 그게 그리 쉽지 않다. 괘씸한 남자들, 불쌍한 여자들은 여전히 주변에 가득하다. 아무리 도와주어도 남편이라는 남자는 능력 자체가 딸린다. 노동 봉사로 따지면 아무리 크게 봐 주어도 십분의 일밖에 안 될 것이다."

그러면서 이렇게 결론짓는다 : "피자라도 좋다, 제사만 올려다오! 딸만 둘 있는 내가 일찍이 천명했던 말이다. '내가 가도 잠깐만이라도 나를 생각해 주면 된다. '엄마와 아빠 모시느라 몸 고생하고 그 때문에 마음고생하지 말라. 대신 우리를 잊지는 말아다오.'라는 뜻이다.(김진애, 『미즈앤』, 2006.10.16)"

부계 혈통 중심의 제사

대부분의 여성들은 결혼 후에 비로소 자신이 여성이라는 존재를 실감하는 경우가 많다. 좀더 정확하게 표현하면, 결혼 후에야 우리 사회가 얼마나 남성 중심적인 사회이며, 상대적으로 여성들은 차별받고 있는지를 절실히 체험한다.

결혼하기 전에야 한 집안의 딸로서 곱게 자라기도 하고 차별을 느껴도 그렇게 절실하지 않다. 여성 차별이 자신의 문제로 구체적으로 다가오지 않는 경우가 많다. 요즘에는 많이 나아졌다지만, 결혼했다는 사실이 해고의 사유가 되거나 결혼하면 당연히 다니던 직장은 그만두어야 하는 그런 때도 있었다. 요즘도 직장 여성들이 느끼는 차별은 교수나 의사, 노동자 등 직종과 직급에 상관없이 여전하다고 보고되고 있다. 직장에서처럼 가정에서도 성차별은 여전하다.

20여 년 전 나는, 『또 하나의 문화』라는 책에서 40대 여의사의 체험을 충격적으로 접했다. 그는 결혼 10년이 넘도록 의사라는 직업이 가지는 바쁜 생활 속에서 자신의 동창생은 한 번도 만나 본 적이 없었지만, 시댁의 그 많은 제사에는 빠짐없이 참석해야 했다. 자신은 얼굴조차 모르는 시댁의 먼 조상들을 위해 결근을 해서라도 제사에 참석하건만, 정작 같은 의사인 남편은 일이 바쁘다는 핑계로 자신의 조상들 제사에 참석도 하지 않는 일이 벌어지곤 했다.

이런 모순된 상황이 잠자던 그의 의식을 일깨운다. 여성으로서의 자의식을 갖추면서 비로소 자신이 여성이라는 사실을 깨달았다고 그는 이혼한 후 담담하게 자신의 체험을 술회한다. 이런 경우 그가 의사라도 되고 여유가 있으니 그런 생각도 가능하고 이혼까지도 가능했을 거라 생각할 수도 있다. 그러나 정도의 차이가 있을지언정 가부장적 인습의 총집합체라 할 제사 때문에 속앓이를 하는 이 땅의 여성들이 여전히 많다.

위의 의사가 우리에게 던지는 문제의식은 자못 엄중하다. 여성단체에서 설이나 추석에 벌이는 '웃는 명절' 캠페인과는 차원을 달리한다. 누가 음식 장만하고 설거지하고 하는 그런 차원의 문제가 아니다. 제사라는 의식이 가지는 가부장적 모순과 허위를 정확하게 폭로하고 있다. 부계 혈통만을 중시하는 제사의 본질적 모순을 날카롭게 지적한 것이다. 십여 년 전 여성작가 이하천은 부계 혈통 중심의 가부장적 제사를 박살내겠다며 『나는 제사가 싫다』라는 책에서 외쳤다 : "제사를 잘 지내야 너와 네 자손들이 복을 받는다고. 그건 너무 끔찍한 말이었다. 그렇게 말하는 그 여성을 물끄러미 쳐다보았다. 그리고 속으로 외쳤다. 그런 복은 제발 당신이나 많이 받으라고. 내가 아직도 새로운 제사를 지내지 않는 이유는 내 영혼 속에 들어 있는 조상의 세균들을 박멸시키는 데 약간의 시간이 필요하다는 판단 때문이다. '언젠가 때가 되면 동학의 개념'으로 제사를 지낼 생각이다.(강조는 인용자)"

향아설위

위에서 이하천이 지적한 '동학의 개념으로 지내는 제사'는 향아설위

(向我設位) 제사법을 말한다. 동학의 2대 교주 해월 최시형은 1897년 4월, 기존의 유교식 제사를 뒤집어 버린다. 제사를 지내 본 사람들은 다 알겠지만 벽(병풍) 쪽에 밥이나 국을 놓고 위패도 놓는다. 해월은 이를 거꾸로 돌린다. 절하는 사람 쪽으로 밥그릇과 위패를 놓도록 한다. 조상의 영혼은 멀리서 제사에 맞추어 강림하는 것이 아니라, 살아 있는 사람 속에 후손들에게 살아 숨쉬는 것이니 벽을 향해 위패를 놓지 말고 나를 향해 위패를 놓고 밥그릇을 놓는다는 뜻이다. 이를 '향아설위(向我設位)'라 한다.

동학의 전통은 천도교로 이어진다. 천도교에서 행하는 여러 행사의 차례와 절차를 규정하고 있는 『천도교의절』에는 빛나는 것 두 가지가 있다. 하나는 결혼식에서 '신랑 신부 동시 입장'을 규정한 것이고, 또 하나는 향아설위에 바탕한 '제례 의식'이다. 이 둘의 현대적 의미는 아마도 여성에 대한 배려임에 분명하다.

요즘 흔히들 보는 결혼식장에서의 신랑 입장 후 신부의 아버지가 신부를 데리고 와서 신랑에게 건네주는(?) 장면을 보면 여성은 주체적이지 못한 종속적인 존재라는 인상을 지울 수 없다. 천도교의 신랑신부 동시 입장은 비록 100여 년 전에 처음 시도된 것이지만 해가 갈수록 남녀평등이라는 시대적 과제를 분명히 밝혀 주고 있다. 천도교의 교세가 약해지다 보니 교단 내에서도 '동시 입장'의 가치를 제대로 평가하지 못하는 것은 안타까운 일이다.

해월 선생이 향아설위를 말씀한 것이 1897년이고, 향아설위는 1900년대 초엽 『천도교의절』에 공식화된다. 천도교의절 제정을 주도하신 분들은 대부분 서북 지방, 특히 평안도 지역의 천도교인들이었다. 비교적 유교적 영향력이 약했던 지역이다. 해월 선생이 향아설위를 말씀하시던 그 시대에 향아설위의 제사법을 그대로 실천하는 것은 독실한 동학교도라 하더라도 쉬운 일이 아니었다. 우선 유교적 영향력이 비교적 약했고 동학의 포덕 열기가 더 강했던 서북 지역 동학도인들이 먼저 향아설위를 실천했고 이를 천도교의절에 반영한다.

동학의 전통을 이어받은 천도교인의 집이라 하더라도 향아설위의 형식은 다양하다. 제사 음식을 차리기도 하지만 차리지 않고 평상시대로 하는 집안도 있다. 향아설위라 해도 옛날과 지금은 다르다. 동학 시대에는 음식도 차리고 위패도 놓았지만, 지금은 청수 한 그릇으로도 족하다. 유교적 영향력이 강했던, 보수성이 강한 경상도 지역에서 천도교식 제례의 경우 주문을 봉송하고 청수는 모시지만 실제는 유교식 제사와 별 차이가 없는 경우도 있다.

향아설위의 개념이 사회적으로 어느 정도 알려지면서 자발적으로 동학의 '향아설위의 정신'으로 제사문화를 바꾸는 사례도 생긴다.

"이번 설에 아버지가 선언했다. 동학의 '향아설위' 정신에 대해 생각하다 문득 차례를 지낼 필요는 없다는 깨달음을 얻었다. 그래서 이번부터는 차례라는 형식을 없애고 가족의 날로 삼아 다만 모여 앉아

조상님들 생각하며 우리끼리 맛있게 먹기로 하자.(@kamaear)"

먼저 여성들이 외쳐야 한다

향아설위의 제사법이 시대적 대세가 되리라는 것은 충분히 예감할 수 있다. 제도는 사람이 만든다. 사람이 나고 죽듯 제도라는 것도 생기고 없어지고 변한다. 향아설위라 해도 처음과 지금은 다르다. 해월 선생이 살아 있던 동학 시대에는 음식도 차리고 위패도 놓았지만, 지금은 청수 한 그릇이면 족하다. 하물며 가부장제적 인습의 총집합체라 할 우리의 제사가 영원불변하리라 믿는 사람은 없을 것이다.

문제를 느끼는 사람이 먼저 조금씩 바꾸어 나가면 된다. 제사에 관한 한 여성들이 그 부당함을 먼저 느낄 수밖에 없다. 힘들여 음식 장만을 하건만 여성들은 제사에 제대로 참여조차 못하게 하는 집안도 있다. 남성들이 먼저 문제를 제기하기는 힘들다. 문제를 느끼는 쪽에서 적극적으로 외쳐야 한다. 바꾸자고! 설득하고 주장하고 외치지 않으면 바뀌지 않는다. 먼저 여성들이 외쳐야 한다. '웃는 명절' 캠페인에서 시작하더라도 그 지향점은 '엉터리 같은 제사'를 박살내는 데 있다. 걸음걸이는 서툴러도 나아가는 목표와 방향은 정확해야 한다.

사람을 질병에서 건지다

- 제인질병(濟人疾病)

1886년 4월, 해월 선생은 악질이 대유행할 것이라고 하면서 도인들에게 악질을 피할 수 있는 묘책을 일러 준다. 해월 선생이 제시한 악질예방법은 기도와 청결, 두 가지였다. 해월은 "금년에 악질이 크게 유행하리니 도인들은 일층 기도에 힘쓰는 동시에 특히 청결을 주로 하라."고 말하고, "먹던 밥을 새 밥에 섞지 말라. 묵은 음식은 다시 끓여 먹어라. 침을 아무데나 뱉지 말라. 만일 길이거든 땅에 묻고 가라. 대변을 본 뒤에 노변이거든 땅에 묻고 가라. 흐린 물을 아무데나 버리지 말라. 집안을 하루 두 번씩 청결히 닦으라.(「내수도문」)"고 하였다.

이해 6월에 과연 '괴질(怪疾)'이 크게 유행하여 전염되지 않은 사람이 백에 하나도 없었으나 오직 도가(道家)는 무사하였을 뿐 아니라 해월 선생이 사는 마을 40여 호에는 한 사람도 병에 걸리지 않았다. 이곳은 경북 상주시 화서면 봉촌리 전성촌(前城村)이다. 충청 · 경기 · 전라 · 경상 등 원근 각지에서 소문을 듣고 해월을 찾아 도에 드는 사람이 그수를 헤아릴 수 없었다고 동학교단 기록은 전한다.

해월 선생의 위생 청결 강조의 결과로 동학을 하면 전염병에 걸리지 않는다는 신화를 낳았고, 많은 사람들이 동학에 입도하는 동기가 되었다. 질병에 걸리지 않고 오래 살게 된다는 동학에 대한 소문이 교도를 늘리는 데 크게 기여했던 것이다.

상주 전성촌에서의 해월 선생의 위생 청결에 관련한 가르침은 상당히 쓸모가 있었다. 우리나라에서 최초로 서구적 개념의 위생학을 펼친 것으로 평가하는 사람도 있다. 당시 동학에서 위생 청결을 강조하여 생긴 재미난 일화 하나. 동학교도의 집에서는 매일 저녁 청수를 모신다. 청수 준비는 주로 내수도(內修道, 여성)가 담당했다. 내수도가 늘 머리를 감고 매일 청수봉전을 하니 머리 빛이 빨개졌다. 매일 깨끗한 옷을 갈아입고 청수봉전을 하였다. 평상시에 입는 옷으로는 청수봉전을 하지 않았다. 숨어서 동학하던 시대에 동학군을 잡으려면 그 내수도의 머리 빛깔을 보고 동학군 집안이라고 식별하였다 한다.

전에는 듣지도 보지도 못했던 질병, '괴질'

『호환마마천연두』라는 책에 따르면 1886년 해월의 일화와 관련된 '괴질'은 콜레라다. 콜레라는 조선 오백 년 역사에서 1821년 처음 유행하여, 개항 이전에는 1858년, 1859년, 1862년에 유행이 있었고, 개항 이후에는 1886에 유행이 있었으며, 1895년에도 유행했다고 한다. 1886

년의 상주 전성촌에서의 해월의 일화를 한국 의학사 연구자가 잘 고증하여 주고 있다. 이 책에는 콜레라가 '괴질'이라는 이름을 얻게 된 경위, 이후 호역(虎疫)·호열자(虎列刺) 등으로 불리다 '콜레라'로 불리게 되는 과정을 잘 설명하고 있다.

『호질마마천연두』의 저자 신동원은 조선 의학사에서 가장 끔찍했던 장면은 1821년의 괴질, 곧 콜레라의 대유행이라 단언한다.

"평양성 안팎에서 지난 그믐간에 문득 괴질이 돌아 사람들이 설사 구토하고 근육이 비틀리면서 불똥 튀듯이 번져 순식간에 죽어 버렸습니다. 열흘 안에 천 명이 죽게 되었으니 치료할 약과 방법이 없었습니다. 아무리 기도를 해도 유행이 그칠 기미가 없고 인근 마을 각 곳에 유행이 번졌습니다. 이 병에 걸린 자는 열 명 중 한둘을 빼놓고는 모두 죽었습니다. 평안도에서 시작하여 여러 읍에 전염되는 속도가 마치 불이 번지는 것과 같았습니다. … 대략 10만 명 이상이 죽었습니다. 이 괴질은 중국 동북 지방으로부터 들어온 것이라 합니다.(『조선왕조실록』, 1821.8.13)"

콜레라는 1817년 이전에는 인도 대륙과 그 주변에 한정된 질병이었으나, 영국이 식민지 통치를 위해 새롭게 만든 교역로와 군대의 이동을 따라 과거의 전파 경로를 벗어나 세계 곳곳에 퍼져 나간 것이라한다. 1821년의 괴질은 조선 최초의 유행이었기에 누구도 콜레라에 대한 면역력이 없었다. 그것을 효과적으로 막을 의학 지식도, 민간 차원의 관습도 없었다. 이것이 사망 피해가 막심한 이유였다. 정체를 알지 못한다는 사실 또한 살아 있는 사람들 사이에 혼돈과 공포를 부추겼다. 수운의 표현대로 콜레라는 '십이제국 괴질운수'였다.

현재 밝혀진 바에 따르면 이때 유행한 콜레라균은 막강한 발병률과 치사율을 보이는 아시아형, 접촉하면 즉시 전염되어 곧바로 죽었다. 이 병은 엄청나게 고통스러운 질병이었다. 호환(虎患)처럼 온몸이 찢겨져 나가는 고통을 겪는다. 전에는 듣지도 보지도 못했던 질병이기 때문에 사람들은 이 병을 '괴질'이라고 했다. 콜레라는 중국을 거쳐 한반도 북부 지역에 유입된 후 서울·경기·영남 지방으로 확대되었고, 이듬해에는 호남·함경도·강원도 지방을 강타한다. 1821~1822년 두 해에 걸쳐 괴질로 죽은 사람은 평양에서 수만 명, 서울에서 13만명 등 보고된 것만도 수십만 명에 달했다.

영부와 제인질병

해월 선생의 제인질병(濟人疾病, 사람을 질병에서 건지는 것) 방법이 위생 청결이라는 집단적 행위를 통해 실천되었다면, 동학의 창도자 수운 선생은 영부를 통해 제인질병을 실천하였다. 동학의 수행은 대부분은 주문(지기금지원위대강 시천주조화정영세불망만사지)을 열심히 외는 수련이다. 주문 수련을 통해 강령, 강화를 체험한다. 강령은 한울님의 기운을 느끼는 것이고, 강화는 한울님의 말씀을 듣는 것이다. 동학하는 사람들의 수행은 강령·강화를 통해 한울님을 체험하는 데 온통 집중된다. 한울님 체험을 전제하지 않고 동학을 상상할 수 없기 때문이다. 동학의 주문 수행에 나타나는 이적의 하나가 영부(靈符)다. 수운 선생이 직접 지은 『동경대전』이나 『용담유사』에는 천사문답(天師問答), 즉 수운 선생과 한울님과의 대화 장면이 생생하게 그려져 있다. 동학에서 가장 독창적이고 창의적인 것은 천사문답이다. 동학은 기존의 유교, 불교 그리고 선교와는 비슷하면서도 달랐다. 수운의 가르침에 천사문답이 없었다면 동학은 기존의 유불선을 모방하고 표절한 것에 불과한 것으로 치부되고, 동학은 벌써 잊혔을 것이다. 영부는 천사문답에 등장한다.

"묻기를 '그러면 서도로써 사람을 가르치리이까.' 대답하시기를 '그렇지 아니하다. 나에게 영부 있으니 그 이름은 선약이요 그 형상은 태극이요 또 형상은 궁궁이니, 나의 영부를 받아 사람을 질병에서 건지고 나의 주문을 받아 사람을 가르쳐서 나를 위하게 하면 너도 또한 장생하여 덕을 천하에 펴리라.'"[*]

사람이 한울이라는 인내천(人乃天)을 동학이 지향하는 이상이라 한다면, 제인질병은 동학을 포덕하는 목적이면서 수단이다. 제인질병

---

[*] 『동경대전』「포덕문」, "曰然則 西道以敎人乎 曰不然 吾有靈符 其名仙藥 其形太極 又形弓弓 受我此符 濟人疾病 受我呪文 敎人爲我則 汝亦長生 布德天下矣"

이란 용어 대신으로 광제창생(廣濟蒼生)이라 하기도 한다. 제인질병은 두 가지 의미가 있다. 먼저 의학적 측면에서 질병으로부터 사람들을 구하고 오래 살게 한다는 뜻이다. 둘째, 영적인 측면에서 병든 세상을 바르게 하며, 도를 영원히 펼친다는 것이다. 제인질병의 유력한 수단이 영부였다.

영부는 한울님의 기운 또는 말씀을 종이에 그린 부적(符籍)이다. 수운 선생은 영부가 사람의 질병을 고치는 불사약(不死藥)이라 했고, 실제 영부를 불에 태워 물에 타서 제자들이 마시게 하고 질병 치유의 효과를 얻기도 했다(「포덕문」).

영부, 즉 부적이라 하면 우선 드는 생각은 '미신'이다. 전근대적이고 미개하며, 비과학적이고 합리적이지 못하고, 무속적이고 혹세무민하는 것으로 치부한다. 서양의학이 조선에 등장하여 일제시대를 거치면서 확산되고, 속수무책이던 괴질(전염병)과 불치병 치료에 효과를 보이면서 한의학은 의학 체계와 시술 솜씨가 부족하다는 평가를 받게 되었다. 천년 이상 불치와 난치의 영역을 담당했던 무속이나 점복은 헛된 미신으로 망국의 근원으로 규정된다. 이러한 이유로 동학의 주문, 특히 영부라는 부적은 주술의 영역이며 미신적인 것이라는 딱지가 붙어서인지 동학 수행의 핵심에서 비껴서 있다. 안타까운 일이다.

그러나 수운 선생이 도를 펼치던 그 시대는 불사약인 영부가 절실히 요구되던 때였다. 정치·경제적인 혼란과 더불어 기근과 역병, 자연재해 때문에 백성들은 온전한 삶을 지탱하기 힘들었다. 특히, 정체도 몰랐던 괴질이라는 콜레라가 유행하면서 한꺼번에 수십만의 목숨을 잃기도 하였다. 목숨을 앗아가는 역병뿐 아니라 백성들에게는 약으로 고치기 힘든 병이 수두룩했다.

수운 선생은 영부를 통해 신통력으로 환자를 치유하였다. 김공서의 중병 든 외아들을 고쳤고, 경주부윤 부인의 졸도병을 고치기도 하였다. 그러나 영부 그 자체가 불사약은 아니며, 영부만으로는 질병에 치유 효과가 있는 약은 아니라고 수운 선생은 잘라 말한다.

"영부를 받아 써서 물에 타서 마셔 본즉 몸이 윤택해지고 병이 낫는지라, 바야흐로 선약인 줄 알았더니, 이것을 병에 써 보니 혹 낫기도 하고 낫지 않기도 하므로 그 까닭을 알 수 없어 그러한 이유를 살펴본즉, 정성 드리고 또 정성을 드리어 지극히 한울님을 위하는 사람은 매번 들어맞고, 도덕을 순종치 않는 사람은 하나도 효험이 없었으니 이것은 받는 사람의 정성과 공경이 아니겠는가.(「포덕문」)"

수운은 영부를 불에 태워 물에 타서 먹어 본즉 병이 낫는 것은 그 사람의 정성과 공경에 달린 것이라 했다. 정성 없는 사람에게는 불사약이라는 영부도 효험이 없었던 것이다. 수운에게 영부는 그 자체가 목적일 수 없었다. 만약 영부를 만병통치약이라 하고 불사약이라며 동학을 병 고치는 길로 이끌었다면 동학은 벌써 미신과 사교로 타락해 버렸을 것이다. 영부는 동학을 가르치는 수단일 뿐이었다. 그래서 수운 선생은 「통문」(1862.10)에서 "당초 사람을 가르칠 뜻으로 병든 사람에게 약을 쓰지 않고 스스로 낫게 하였다."고 하였다. 야뢰(이돈화)는 '영부는 사람의 병을 고치고 사람의 죽은 혼을 구하여 산 혼으로 돌이켜 인간사회의 모든 죄악과 폐악을 다스리는 불사약'이라고 하였다.

「위생보호장」과 「준비시대」

해월 선생을 이어 동학 3대 교주가 된 의암 선생 역시 제인질병(濟人疾病)이라는 동학의 전통을 충실히 따른다. 의암 선생은 1901년 일본 유학길에 올랐다 잠깐 귀국하여 발표한 「위생보호장」, 그리고 1906년 발표한 「준비시대」에 제인질병의 방법을 구체적으로 제시하였다. 위생보호장에서는 병을 예방하기 위한 구체적인 수양법으로 수심, 정기, 음식 조절, 거처 청결 네 가지를 제시한다. 특히 거처 청결은 해월의 뜻을 그대로 이은 것으로 집 안팎을 깨끗이 유지하고, 근처에 물을 버리지 말고, 몸을 자주 씻을 것, 세 가지를 들었다. 준비시대에는 전염병을 막기 위한 청결법, 변소의 청결 관리, 하수의 청결 관리, 전염병 유행 때의 교통 차단과 검역, 전염환자 및 환자가 있는 집의 소독과 청결 등 근대적 위생법이 포함되어 있다. 『호질마마천연두』의 지은이 신동원은 '동학과 천도교의 수양과 위생'이라는 소제목을 특별히 할당하여 수운, 해월, 의암으로 이어지는 제인질병의 방법을 소개하고 이렇게 결론짓는다.

"1910년대 초반 천도교세가 갑작스럽게 확장되어, 당시 2,000만 한국인의 10분의 1 이상이 천도교의 근대화에 따른 위생 실천과 관련되어 있었다. 학교와 언론을 통해 위생계몽이 이루어지고 있었지만, 다른 한편에서는 천도교라는 종교의 내부적인 개화의 발로로서 위생계몽이 이루어진 것이다. 이는 일제의 강압적인 위생행정의 결과로서만 식민지 조선의 위생 상태가 나아진 것이 아니라, 종교적인 혁신의 한 형태로서 위생상태의 개선이 같이 이루어졌음을 시사한다."

한울로써 한울을 먹는다

- 이천식천(以天食天)

오세창(葦滄, 開菴, 1864~1953)은 3·1운동 당시 민족대표 33인의 한 분이다. 특히 당대의 명필로 이름이 높았다. 오세창은 1924년 10월, 『천도교회월보』에 수운 선생 탄신 백주년을 맞이하여 '無爲而化(무위이화)'를 기념 휘호로 남겼다. 용이 날 듯 날렵한 초서체의 무위이화 네 글자를 감상하자니 일필휘지, 거침없이 한 붓에 써내려 간 멋진 작품임을 서예의 문외한인 나도 한눈에 느낄 수 있었다.

세 해 뒤인 1927년 3월, 위창은 해월 선생 탄신 백주년을 맞아 '平等(평등)'이란 기념 휘호를 남긴다. 해월 선생의 삶을 축약하면 '평등' 두 글자만큼 어울리는 단어도 없을 것이다. 해월 선생 탄신 백주년을 맞아 무엇으로 기념휘호를 해야 할지 위창은 나름 고심하여 '평등'을 택했던 것이다. 글씨체 역시 해서체로 하여 힘차고 묵중하며 강직한 느낌을 들도록 했다.

평등, 동학의 핵심 가치

여러 기록에 따르면 해월 선생이 제2대 동학 교주가 된 후 처음으로 도인들에게 한 말씀은 신분 차별을 철폐하라는 인내천(人乃天) 강론이었다. 1865년 10월 28일, 수운 탄신 기념 제례에서였다.

"사람이 곧 한울이라[人是天]. 고로 사람은 평등하여 차별이 없나니 사람이 인위로 귀천을 가르는 것은 한울님 뜻에 어긋나니라. 우리 도인들은 일체 귀천의 차별을 철폐하여 스승님의 본뜻에 따르도록 하자.(『천도교서』)"

창도자 수운께서 대구장대에서 순도하자 도인들끼리의 왕래도 끊겨 동학 활동은 자취를 감추었고, 불법 조직이던 동학에 대한 관의 지목은 여전하여 도인들도 많이 모일 수 없었다. 공식적인 해월 선생의 첫 강론이었지만 초라한 자리였다. 그러나 내용만큼은 엄중하였다.

동학은 평등을 표방하였지만 동학 조직 내에서도 신분의 차이가 논란이 되기도 했다. 1890년 전후로 호남 지역에 많은 포덕이 났다. 교인들이 많아지니 접주들도 늘었고, 이런 조직을 총괄하는 편의장 제도를 만든다. 전라우도 편의장으로는 부안의 윤상오, 전라좌도 편의장으로 익산의 남계천을 임명한다. 그러자 남계천의 천한 신분이 논란이 되어 말들이 많았다. 윤상오는 『동경대전』과 『용담유사』를 편찬할 때도 많은 돈을 보탰고, 해월이 기거하는 집을 마련해 주는 등 물심양면의 후원을 아끼지 않았던 열성 동학도였다. 해월 선생은 평등이라는 동학의 가치를 우선하여 윤상오의 직책을 거두고 신분이 낮았던 남계천으로 전라좌우도 편의장을 겸하게 한다. 해월 선생으로서도 쉽지 않은 결정이었다. 그렇다고 사람은 누구나 평등하다는 동학의 가치를 훼손할 수는 없었다. 이때 해월은 이런 말을 남긴다.

"반상의 구별은 사람의 정한 바요 도의 직임은 한울님이 시키신 바니, 사람이 어찌 능히 한울님께서 정하신 직임을 도로 걷을 수 있겠는가. 한울은 반상의 구별이 없이 그 기운과 복을 준 것이요, 우리 도는 새 운수에 둘러서 새 사람으로 하여금 다시 새 제도의 반상을 정한 것이니라. 이제부터 우리 도 안에서는 일체 반상의 구별을 두지 말라.(『해월신사법설』「포덕」)"

달도 역시 먹고 먹는다

예로부터 전하는 '백성은 먹는 것으로 하늘을 삼는다(以食爲天).'는 말은 지금도 여전히 통하는 진리다. 동학 시대에는 신분의 차별을 바로 잡는 것도 중요했고, 먹는 것을 고르게 하는 것은 무엇보다 중요했다. 동학혁명이 발발하기 5년 전 겨울, 관에서는 여전히 해월 선생을 쫓았고 해월 선생은 도망다니는 수배 생활 26년차였다. 해월 선생은 그 해 겨울을 지금의 강원도 고성군 왕곡마을에서 보낸다. 이때 해월 선생은 '삼순구식(三旬九食)'으로 겨울을 지냈다고 동학의 기록은 전한다. 삼순이면 30일, 한 달이다. 한 달 동안 아홉 끼만 먹을 정도로 식량 사정이 나빴고 어렵게 지냈다는 것이다. 하루 세 끼 먹는 것이 여의치 않은 시대였으니 굶어 죽은 사람도 많았다. 실제 수운 선생 순도 후 수운의 부인(박씨사모님)은 강원도 산골짝을 숨어 다니다 굶어 병들어 마흔아홉의 나이로 환원하였다. 해월은 박씨사모님의 장례를 치르기도 했다. 그런 만큼 동학의 가르침에는 유난히 '밥'과 '먹는 것'에 관련된 것이 많다.

"먹는 것이 곧 한울이다.[*]"

"어찌 홀로 사람만이 입고 사람만이 먹겠는가. 해도 역시 입고 입고 달도 역시 먹고 먹느니라.[**]"

한울은 사람에 의지하고 사람은 먹는데 의지하나니, 만사를 안다는 것은 밥 한그릇을 먹는 이치를 아는데 있느니라.[***]"

"먹던 밥 새 밥에 섞지 말고, 먹던 국 새 국에 섞지 말고, 먹던 김치 새 김치에 섞지말고, 먹던 반찬 새 반찬에 섞지 말고….(「내수도문」)"

조석할 때에 새 물에다 쌀 다섯번 씻어 안치고….(「내수도문」)"

"한 그릇 밥도 백 사람의 노력으로 된 것이니, 정말 힘쓰지 않고는 부끄러워 감히 먹지 못하리라.[****]"

[*]   『시천교종역사』, "食卽天"
[**] 「천지부모」, "何獨人衣人食乎 日亦衣衣月亦食食"
[***] 「천지부모」, "天依人 人依食 萬事知 食一碗"
[****]『의암성사법설』「降詩」, "一碗之食 百夫所成 苟非其力 愧不敢食"

30여 년 전 "밥할 때 쌀 다섯 번 씻어 안치라."는 가르침을 처음 접했고, 나는 그때부터 밥할 때면 반드시 쌀을 다섯 번 씻는다. "먹던 밥 새 밥에 섞지 말고, 먹던 국 새 국에 섞지 말라."는 가르침은 동학의 위생 수칙이었다. 이런 말씀은 제대로 실천한 동학도들은 당시 유행했던 콜레라를 예방할 수 있었다. 그 결과로 동학에 들면 괴질도 피해 간다는 신화를 낳았고 동학의 확산에 크게 기여하기도 하였다. '만사지(萬事知)는 밥 한 그릇'이란 해월 선생의 가르침은 오늘의 세상에 제법 널리 알려져 많은 사람들이 그 의미를 새기고 있다. "해도 입고 달도 먹는다."는 말씀은 지금도 알쏭달쏭할 뿐이다.

  '밥' 또는 '먹는 것'에 대한 가르침 중에서 동학의 평등 사상의 가치를 잘 표현한 '이천식천설(以天食天說)'은 여러 모로 유용한 의미를 포함하고, 이 시대의 과제를 해결할 수 있는 동학의 비결로 손색이 없다. 이천식천, 글자 그대로 풀면 한울로써 한울을 먹는다는 뜻이다.

물물천 사사천(物物天 事事天)

이런 일화가 있다. 해월 선생이 어느 도인의 집을 가셨다. 그 도인이 밥상을 차려 냈으나 채소가 전멸되어 반찬 적음을 죄송스럽게 여겼다. 그 까닭을 물은즉 채소에 벌레가 들었는데 물물천의 이치이니 벌레도 한울이므로 손을 대지 못하여 그리되었다고 하였다. 이튿날 길을 가시면서 같이 가는 제자를 보고 "간밤에 쉬던 그 사람처럼 신앙하면 도가 망하는 것이네." 하셨다.

이 일화는 게으른 도인이 채소가 전멸했음을 물물천의 이치로 궁색하게 변명함을 나무란 것이거나, 원칙에만 얽매여 융통성 없는 태도를 경계한 것이다. 물물천이라는 부분에만 집착하여 해월께서 이야기한 큰 줄기는 놓친 어중된 도인의 예이기도 하다. 큰 줄기는 한울로써 한울을 먹는다는 '이천식천'이다. 해월 선생은 이렇게 말했다.

"내 항상 말할 때에 물건마다 한울[物物天]이요 일마다 한울[事事天]이라 하였나니, 만약 이 이치를 옳다고 인정한다면 모든 물건이 다 한울로써 한울을 먹는 것 아님이 없을 것이다.(「이천식천」)"

동학은 인내천, 즉 사람이 곧 한울이란 말로 간단히 표현할 수 있지만, 해월 선생에게는 사람만이 한울이 아니었다. 물건마다 다 한울이고 일마다 모두 한울이었다. 하늘을 나는 새소리도 시천주의 소리라 했다. 천지만물이 다 한울님을 모시지 않은 것이 없고, 우주만물이 모두 하나의 기운이니 상호부조, 즉 서로 돕고 살아갈 수밖에 없는 존재라 했다. 해월 선생은 또 말한다.

"이천식천은 어찌 생각하면 이치에 서로 맞지 않는 것 같으나, 그러나 이것은 인심(人心)의 편견으로 보는 말이요, 만일 한울 전체로서 본다면 한울이 한울 전체를 키우기 위하여 동질인 자는 상호부조로써 서로 기화를 이루게 하고, 이질이 된 자는 이천식천으로써 서로 기화를 통하게 하는 것이다.(「이천식천」)"

있는 사람과 없는 사람이 서로 도운다

해월 선생이 실제로 '상호부조(相互扶助)'라는 단어를 사용했는지는 알수 없지만 『천도교경전』의 『해월신사법설』 편에는 '상호부조'라는 말이 실려 있다. 동학 시대에는 상호부조라는 표현보다는 유무상자(有無相資)라는 표현을 사용했다. 수운 선생이 살아 있을 당시 유생들은 동학은 세상을 어지럽히는 쭉쟁이 풀의 싹이니 마땅히 햇빛을 못 보게 얽힌 넝쿨을 뽑아 버려야 한다며 조직적으로 동학을 배척한다. 그러면서 유생들은 동학에 든 사람들은 '있는 자든 없는 자든 서로 도우니[有無相資]' 빈궁한 사람이 기뻐한다며 동학을 비난했다.

유무상자하자는 동학의 기풍을 비난한 것 하나만으로도 조선의 집권 이데올로기였던 유학은 충분히 낡고 운이 다했음을 알 수 있겠다. 있는 사람 없는 사람이 서로 도와가며 살아가는 것은 예나 지금이나 미덕이다. 유무상자하지 못하는 시대를 아파하고 그런 세상을 바꾸려 하기보다는 유무상자하자는 동학을 음해하고 탄압했던 당시의 조선 정부와 유생들은 시대에 뒤진 부도덕한 집단이었고, 결국 조선은 망했고 식민지로 전락할 수밖에 없었다.

동학의 운세관은 순환론이다. 수운 선생은 "부하고 귀한 사람 이전 시절 빈천이요, 빈하고 천한 사람 오는 시절 부귀로세."라고 하여, 부귀와 빈천은 교차하고 순환하는 것으로 보았다. 그렇다고 '부하고 귀한 사람 오는 시절 빈천'이라고 원망하거나 저주하지 않았음을 기억할 필요가 있겠다. 수운은 도인들끼리 서로 돕는 정신을 장려했고, 해월 역시 동학의 조직에 보낸 공문인 '통문'이나 '통유'를 통해 수차례 유무상자를 강조하였다. 1892년 겨울, 삼례교조신원운동을 마치고 해산하는 도인들에게 해월은 이렇게 당부한다.

"대의(大義)에 나선 십여 일 사이에 가산을 탕진한 도인이 있다. 귀가하는 날이면 부모를 섬기고 자녀를 양육할 대책이 없으니 여러분은 의연금을 모아 급히 도와주라.(완영도회소, 『경통』)"

사회진화론

해월 선생의 이천식천설을 '상호부조'라는 새로운 시각으로 재조명하여 해월 선생의 가장 중요한 법설의 하나로 처음 강조한 이는 야뢰 이돈화다. 이돈화는 크로포트킨(Peter Kropotkin, 러시아 혁명가, 1842~1921)의 사상을 적극 수용하여 이천식천을 상호부조로 이해하고, 사회진화론의 생존경쟁, 우승열패(優勝劣敗)의 논리에 적극 대응한다. 이돈화의 주장은 이렇다.

"생존경쟁이라는 관념은 현세기에 있어 가장 큰 개괄적 통념이다. 그러나 생물은 생존경쟁에 의하여 번식한다기보다는 상호부조에 의하여 그 생존을 보호한다. 즉 생존경쟁은 수단이 되고, 상호부조는 주격이 된다. 근대의 제국주의적 군국주의적 사상은 실로 이 참담한 생존경쟁설이 실제 인심을 지배하게 된 데서 나온 과실(過失)이다.(이돈화,

　다윈이 진화론을 발표한 것은 1859년으로, 동학이 창도되기 1년 전이었다. 진화론의 핵심적인 개념은 자연선택으로, 이것은 특정한 자연환경에 가장 잘 적응한 종에 대한 이야기다. 그러나 다윈의 생각은 점차로 백인 식민주의자들이 '열등한' 토착 인종에 대해 승리를 거둔 이유를 해명해 준다거나, '우월한' 인간을 배양해야만 한다는 식으로 인종주의나 인종 학살과 같은 것들을 정당화하는 데 오용된다. 다윈의 진화론을 인간사회에 적용한 것이 '사회진화론'으로, 제국주의 열강의 식민지 지배를 인정하는 이론이었고, 우리의 경우 개화파와 친일파가 적극 받아들였다.

　3·1운동 이후 1920년대, 식민지 조선의 장래를 암울하게 보면서 일부에서는 조선의 독립을 위해 노력하기보다는 조선 민족의 개조가 우선이라면서 제국주의 강자인 일본의 지배에 순응한다. 이러한 세태 속에서 이돈화는 스스로 묻고 답했다.

　"동일한 인류 중에서 문명인이 야만인을 정복하여 없애는 것 또한 진화의 원리가 될 수 있는가? 이것은 결코 원리가 아니다. 사람이 사람으로 사람을 정복하며 사람을 압박하는 것은 이것이 천지우주의 대법칙인 이천식천의 원리를 어기는 자멸적 행위에 지나지 않는다.(이돈화, 『수운심법강의』)"

　한때 소멸하는 듯하던 사회진화론은 세계화된 오늘날, '신자유주

의'라는 이름으로 세상을 온통 지배하는 듯하다. 이돈화의 자문자답

에서 해월 선생의 이천식천설이야말로 신자유주의의 폐해를 막을 동

학의 비결임을 확신한다. 이돈화의 표현을 빌려 말하자면 이렇다.

"신자유주의는 천지우주의 대법칙인 이천식천의 원리에 어긋나는 것

으로 조만간 소멸할 운명이다."

앞으로 오게 될 새 세상을 열다
- 다시개벽

동학에서 언급하는 '괴질'은 요즘 아프리카에서부터 유행하기 시작한 '에볼라'는 비교가 되지 않았을 정도로 무섭고 흉악한 전염병이었다. 괴질의 정체는 콜레라였지만 '괴질'은 콜레라라는 구체적인 질병의 뜻으로 사용되기보다는 사회적 혼란, 사회적 질병의 의미로 널리 사용된다.

십이제국 괴질운수 다시개벽 아닐런가

이돈화는 수운 선생의 이 말씀을 인용하여 '괴질이란 것은 곧 사회의 혼돈상태'를 말하는 것이며, 괴질에 걸려 혼돈한 세상을 '다시개벽'하기 위해 수운 선생이 '천도를 창조'하였다고 한다. 해월 선생은 "선천은 물질개벽이요 후천은 인심개벽이다."라고 하여, 후천개벽을 '인심개벽'으로 정의하였다. 한편 의암 선생은 '개벽'을 아래와 같이 설명한다.

"개벽이란 한울이 떨어지고 땅이 꺼져서 혼돈한 한 덩어리로 합하였다가 자(子)·축(丑) 두 조각으로 나뉨을 의미한 것인가. 아니다. 개벽이란 부패한 것을 맑고 새롭게 복잡한 것을 간단하고 깨끗하게 함을 말함이니, 천지만물의 개벽은 공기로써 하고, 인생 만사의 개벽은 정신으로써 하나니, 너의 정신이 곧 천지의 공기니라.(「인여물개벽설」)"

동학에서의 '후천개벽'은 결코 기울어진 지축이 바로 선다든지 땅이 꺼지고 바다가 솟는 천지개벽이 아니다. '다시개벽'은 후천개벽, 즉 '신사회 건설'을 의미한다. 천도교에서는 '다시개벽'이나 '후천개벽'을 삼대개벽, 즉 정신개벽·민족개벽·사회개벽으로 체계화하였다.

「내칙」과 문왕

신사회의 건설, 즉 후천개벽과 관련한 동학의 가르침에서 주목해야 할 사람은 주문왕(周文王)이다. 문왕은 동양의 역학에서 후천 팔괘로도 불리는 문왕팔괘를 지은 분이기도 하니(선천 팔괘 = 복희 팔괘), 후천개벽을 언급하며 문왕을 빼놓을 수 없다 하겠다. 동학의 가르침에는 요순, 공자, 강태공, 제갈량 등 고대 중국의 성인들과 고사가 여러 차례 언급되지만 『주역』을 지은 문왕은 딱 한 번 등장한다. 「내칙」에서다. 내칙(內則)은 동학의 태교, 즉 아이를 포태한 부인이 조심해야 것들을 모은 가르침으로 해월 선생이 직접 지은 글이다. 해월 선생은 임신을 하게 되면 부인들이 조심해야 할 음식들을 열거하고, 언행에 주의할 것을 당부하면서 '문왕'과 '공자'를 닮은 아이를 낳기를 기원한다.

"포태하거든 육종을 먹지 말며, 해어도 먹지 말며, … 김치나 채소와 떡이라도 기울게 썰어 먹지 말며, 남의 말 하지 말며, 지름길로 다니지 말며, 성내지 말며, 무거운 것 들지 말며, 무거운 것 이지 말며, 가벼운 것이라도 무거운 듯이 들며, … 이대로만 시행하시면 문왕 같은 성인과 공자 같은 성인을 낳을 것이니, 그리 알고 수도를 지성으로 하옵소서.(「내칙」)"

율곡의 어머니 신사임당이, 성인으로 추앙받는 문왕 같은 아이를 낳기를 바라는 마음에서 문왕의 어머니 태임(太任)을 마음의 스승으로 삼았다고 하여 '사임(師任)'이란 호를 사용하였다는 것은 잘 알려진 사실이다. 해월 선생도 당연히 이런 사실을 알고 있었을 터이니, 태교와 관련된 가르침이기에 해월 선생은 「내칙」에서 '문왕 같은 성인'이란 말을 관용어처럼 사용했을 수도 있다. 그러나 그것만은 아닐 것이다.

중국에서 하나라 걸왕, 은나라 주왕, 두 왕은 폭군의 대명사다. 포악한 왕을 비유하여 '걸주(桀紂)'라 한다. 문왕의 정치적 맞수는 은나라의 마지막 왕이었던 주(紂)왕이었다. 문왕은 주왕의 포로가 되어 감옥에 갇힌다. 주왕은 문왕을 언제든지 죽일 수 있었다. 문왕은 감옥에서 『역경』을 공부한다. 주왕은 학문과 도덕 및 능력이 가장 뛰어난 문왕의 큰아들을 죽여 소금에 절여 육장을 만들어 찐빵 속에 넣어 문왕더러 먹게 한다. 문왕이 『역경』을 공부하는 것을 보고 과연 자기 아들의 고기인지 알고 있는가를 알아보려는 것이었다. 문왕은 너무도 잘 알고 있었으나 먹을 수밖에 없었다. 먹지 않으면 그를 죽일 것이기 때문이다.

문왕은 인생의 고통 속에서 『역경』의 이치를 깨달을 수 있었고 역경을 해설한 『주역』을 짓는다. 문왕은 우리나라의 세종대왕과는 전혀 다른 환경에서 제왕의 길을 걸었다. 세종은 그 아버지 태종 이방원이 잘 닦아 놓은 정치적 기반을 바탕으로 훌륭한 업적을 남겼지만, 문왕은 곤경과 우환 속에서 『주역』을 옥중 집필하고 왕조를 새롭게 창건한다. 문왕은 예로부터 중국에서 이상적인 지도자로 추앙받은 인물이다. 강태공이란 유명한 전략가를 발탁한 이도 문왕이다.

문왕이 지은 『주역』을 가장 열심히 공부한 사람은 공자로, 공자는 『주역』을 해설하면서 되묻는다. "역을 만든 사람은 우환의식이 있었을까?" 물론 문왕은 우환 속에서 주역을 지었다. 예로부터 성인은 근심 걱정이 있는 사람으로, '성인(聖人)은 우환(憂患)'이라는 말도 있다. 여기서 말하는 우환은 자기 자신에 대한 근심 걱정이 아니다. 세계와 우주에 대해 걱정하고, 시대를 아파하고 근심하는 사람이 바로 성인이었다. 우환 속에서 문왕은 깊이 생각하고 곤경 속에서 도리어 스스로를 단련시켜 새로운 길을 열었다. 사실 후천개벽이 만들 선경(仙境), 신세계는 낡은 어른들보다는 무엇보다도 '대우주의 나이를 더 먹고 나온 그만큼 새롭고 나은 사람(김기전, 『소춘김기전전집-소춘 김기전 선생 일대기』3)'인 아이들에게 좀더 절실하게 필요한 만큼, 고난과 역경 속에서 새로운 세상을 연 문왕을 닮아야 할 성인의 대표적 인물로 해월 선생이 지목한 것은 어쩌면 당연한 일인지도 모르겠다.

후천개벽과 교조신원운동

동학에서는 수운 선생의 득도(1860.4.5) 이전을 선천, 이후를 후천이라 했다. 후천개벽이란 말은 동학의 대표적인 슬로건으로 널리 알려져 있지만, 창도자 수운 선생은 '다시개벽'이라 했고 정작 '후천개벽'이란 말을 쓰지는 않았다. 후천개벽이란 말은 동학 창도 33년째 되던 1892년 새해에 해월 선생이 처음 사용한다.

"우리 도는 후천개벽의 운수이며 무극하고 참된 도이다."*

1892년 가을 추수가 끝나자, 해월은 억울하게 처형당한 스승님(수운 최제우)의 죄를 사면받고 동학을 합법화하기 위해 각지의 동학도인에게 동원령을 내린다. 1천여 명이 공주에 모여 의관을 정제한 채 질서정연하게 대오를 형성하고, 서인주와 서병학 등 8명의 대표가 충청감사에게 탄원서(「각도동학유생의송단자」)를 제출한다. 1892년 10월 21일, 이렇게 공주교조신원운동은 정부를 상대로 한 동학 합법화 운동으로 동학 창도 이래 처음 있는 사건이었다.

* 「통유문」, 1892.1.19, "吾道是後天開闢之運 無極眞空之道"

충청감사에게 제출한 탄원서에는 동학의 합법화를 요구하고, 동학 도인들의 삶을 '안녕하지 못하게' 하는 사회적 혼란의 근본 원인이 탐학한 관리들의 수탈과 외세(일본)에 의한 약탈적 무역 자유화에 있음을 정확하게 지적하고 대책 마련을 요구하였다. 그 주장의 요지를 정리하면 다음과 같다.

"동학은 이단이 아니다. 지금 왜놈 상인들은 각 항구에서의 통상을 통해 이익을 독점하고 전곡(錢穀)을 다 빼내어 가기 때문에 백성들이 어려움에 처해 있다. 서울과 요해처, 관세와 시장세, 산림천택(山林川澤)의 이익을 왜놈들이 모두 독점하고 있다. 무고한 백성들이 엄동설한에 집을 떠나 사경을 헤매고, 남편과 아버지가 헤어져 길가에서 울부짖고 있으니 무슨 죄가 있어 이처럼 감당하기 어렵도록 하는가. 백성은 나라의 근본이다. 이 근본이 견고해야 나라가 평안하게 될 것이다. 무고한 백성들을 구휼해 달라.(「각도동학유생의송단자」)"

공주와 삼례에서 시작된 '교조신원운동'은 단순히 신앙적 차원의 동학 합법화 운동만은 아니었고, 종래 각지에서 자연발생적으로 일어난 민란과도 차원을 달리하는 새로운 형태의 대중운동이었다. 우리 역사에서 민중들이 2년 넘게 전국 각지를 무대로 자신들의 정치·사회적 요구를 내걸고 집단적이며 공개적인 시위운동을 한 역사는 동학의 교조신원운동밖에 없었다.

공주와 삼례 신원운동을 관에서 무력으로 진압하지 못하는 현실을 지켜보면서 백성들은 이제 동학이 새로운 대안임을 알아차린다. '후천개벽'이란 말은 앞으로 오게 될 새 세상을 여는 것을 의미하는 희망의 메시지로 떠오른다. 후천개벽이란 용어가 처음으로 등장한 역사적인 임진년 1892년, 이해에 때마침 교조신원운동이 일어난 것은 결코 우연이 아니었다. 교조신원운동은 바로 동학혁명으로 연결되었으니, 교조신원운동은 바로 동학혁명의 시작이나 마찬가지였다.

도결(道訣), 동학의 비결

공주와 삼례에서의 신원운동을 마감하고 광화문 집회를 준비하는 가운데 해월은 1893년 새해를 맞이한다. 새해를 맞이하여 도인들에게 인사(「통유문」)를 건넨다.

"천지는 곧 부모요 부모는 곧 천지니, 천지부모는 처음부터 사이가 없느니라. 우리 스승님의 대도종지는 첫째는 천지 섬기기를 부모 섬기는 것과 같이 하는 도요, 둘째 식고는 살아 계신 부모를 효양하는 이치와 같은 것이니 내수도를 가히 힘쓰지 않겠는가. 식고의 이치를 잘 알면 도통이 그 가운데 있다는 것이 이것이니라. 부부는 곧 천지라. 천지가 화하지 못하면 이는 한울님이 싫어하나니, 싫어하면 화를 주고 기뻐하면 복을 내릴 것이니 가내가 화순한 곳이 되도록 더욱 쓰는 것이 어떠하리오.(「도결」)"

그리고 1893년 2월 11일, 광화문 복합상소가 시작된다. 상소문에서는 동학의 정통성을 강조하며 동학이 공자의 가르침과 '조금 다르다 함은 별다른 것이 아니라 천지를 경건히 받들어 일할 때마다 반드시 마음으로 고하고 천지 섬기기를 부모 섬기듯이 하라는 것'이라고 주장한다. 해월 선생의 새해 인사말을 그대로 인용한 것이다.

광화문, 조선의 정치 중심지에서 전개될 정치집회의 긴박한 상황을 고려하면,「도결」이나 상소문은 너무도 비정치적이고 어쩌면 한가하다고 할 수도 있겠다. 후천개벽이 만들 새로운 세계에 대한 전망이나 경로에 대한 구상을 제시하기는커녕,「도결」에서는 '한울을 부모처럼 모시고 한울님께 고한 뒤 밥 먹고, 부부간에 사이좋게 지내라.'며 훈계조로 가르친다. 상소문에서도 역시 '한울을 부모처럼 모시는 것, 이것이 공자의 가르침과는 조금 다른 것'이라며 동학의 정통성을 강조하고 있었으니, 관의 무력 진압마저 예상되는 긴장된 정치적 상황과는 어울리지 않는다고 할 수도 있겠다.

그러나 이것은 '조금 다른 것'이 아니었다. 해월이 '한울님'이라 칭한 것은 외부의 어떤 절대적 대상이 아닌 인간 자신 안의 영원한 존재를 의미한다. 해월은「도결」에서 부모와 임금으로 향하던 효와 충의 방향을 인간 안으로 돌려놓아 버림으로써 이른바 조선 정치권력의 사회적 기초인 효를 한울에 대한 효로 전환시킨다. 유교는 단지 부모가 낳아 주고 길러 주는 것만을 강조하나 사실은 한울이 나를 낳고 땅이 나를 기르고 있다는 사실은 의심할 수 없는 이치였다. 이는 가부장제적 사회질서와 군주제적 정치질서에 기초하고 있는 조선의 국가 질서를 송두리째 뒤흔드는 혁명적인 내용이었다. 왜냐하면 효와 충성의 대상을 아버지와 임금에게서 한울님으로 바꾸고 있기 때문이다. 효의 방향을 전환시켜 유교 윤리를 기반으로 한 사회적 권력 구조의 기초를 파괴하고 있으니 조금 다른 것이 아니었다.

천지를 부모처럼 모시는 것은 '동학의 으뜸 가르침'이며 '천지부모'의 가르침이야말로 '더러운 땅에 핀 연꽃'(오문환, 『사람이 하늘이다』)으로, 해월 선생의 「통유문」을 『천도교경전』에서 동학의 비결, 즉 「도결(道訣)」로 제목을 정한 것은 매우 적절하다 하겠다.

치우치지 않은 큰 도요 모두의 근원이다
- 무극대도

수운은 득도 후 자신의 깨달음을 처음에는 '동학(東學)'이라 하지 않았다. '무극대도(無極大道)'라 했다. 유・불・선・서학 어느 하나에 치우쳐 있지 않은 큰 도요, 이 모두의 근원이면서 본류라는 자부심에서 무극대도라 한 것이다. 득도 이후 수운 선생은 천도를 무극대도라는 이름으로 즐겨 노래하였다.

"글로 어찌 기록하며 말로 어찌 성언할까. 만고없는 무극대도 여몽여각 득도로다.(「용담가」)"

무극대도 닦아 내어 오는 사람 효유해서 삼칠자 전해 주니 무위이화 아닐런가.(「도수사」)"

"만고없는 무극대도 이 세상에 창건하니, 이도 역시 시운이라….(「권학가」)"

무극(無極)은 우주의 본원을 가리키는 개념으로, '태극이 아직 나타나기 이전 한 점의 텅 비고 신령스러운 기운으로, 이른바 보아도 보이지 않고 들어도 들리지 않는 것'을 의미한다. 이는 동학의 '지기(至氣)'의 개념과 비슷하다. 무극은 곧 지기의 다른 표현이라 할 수 있겠다. 지기는 이미 다른 글에서 자세히 언급하였다. 여기서는 무극대도가 수련ㆍ수행의 관점에서는 어떤 의미가 있는지, 사회ㆍ정치적 실천으로서의 무극대도가 현실 사회에서 어떻게 구현되는지를 알아본다.

유능불용(有能不用), 능력이 있으나 쓰지 않는다

무극(無極)은 단순히 우주의 본체나 본원을 뜻하는 것만이 아닌, 동학하는 사람들이 주문 수련으로 닦아 내야 할 수련의 지극한 경지이다. 무극은 견성각심(見性覺心)의 깨달음으로 편향됨이 없이 원만자재한 것으로 이해하면 되겠다. 무극은 말 그대로 극이 없다는 것으로, 편향되거나 어느 한쪽에 일방적으로 치우치지 않는 것이다.

무극은 우주 본체이면서, 사람에 있어서는 '성품과 마음과 육신'을 의미한다. 우주의 본체인 성품과 마음과 육신을, 보는 관점에 따라 시대와 지역에 따라 세상 사람들은 '신, 하나님, 천주, 부처님, 성령, 상제님, 이기, 음양, 기운, 태극, 무극, 실상, 법상, 우주생명, 우주정신, 우주의식, 한울님' 등으로 이름을 달리하여 부르지만 실상은 하나이다. 유ㆍ불ㆍ선ㆍ기독교ㆍ철학ㆍ사상도 모두 근본에서는 하나로, 오직 '유일무이한 성령'만을 극진히 생각하여 한울님과 친해지고 가까워져 모든 것이 무한대로 생생(生生)하는 무극의 경지, 곧 '한울님 자리를 체득'하는 것이 수련 수행의 목표다.

한울님은 인간에게 영생의 무한생명을 주셨고, 무한지혜, 무한능력, 무한공급, 무한자유를 주셨지만 우리가 그것을 모르니 제대로 사용할 수 없다. 극진한 수도로 인내천의 무극대도를 체득하고 중생을 제도하고 사회제도를 개혁하여, 지상신선의 새 인간, 사인여천의 윤리, 무진장의 무한공급을 받는 무한자유 · 자용의 순환 경제제도, 무한자유 · 평등의 새 생활, 무한한 지혜를 받는 창조 발전의 삶을 누려야 한다고 김승복(月山, 空菴, 金昇福, 1926~2004) 도정은 강조하였다.

의암 선생은 열한 가지 방법을 제시하며 습관된 마음을 버리고 '강령지법'으로 한울님을 모시고 그 한울님 마음을 스승으로 모시고 섬기고 믿고 공경하여 정성을 다하라 하였다. 이 열한 가지는 무극의 경지를 점검하는 기준으로 수행 과정에 나타나는 극단과 편향을 경계하는 지침이다 : "굳건하나 빼앗지 아니하고, 정하여 움직이지 아니하며, 부드러우나 약하지 아니하며, 깨달아 매혹하지 아니하며, 잠잠하나 잠기지 아니하며, 한가하나 쉬지 아니하며, 움직이나 어지럽지 아니하며, 흔들어도 빼어지지 아니하며, 멈추었으나 고요하지 아니하며, 보았으나 돌아보지 아니하며, 능력이 있으나 쓰지 않는다."*

---

* 『의암성사법설』「후경2」, "剛而不奪 定以不動 柔而不弱 惺以不昧 黙而不沈 閒而不息 動而不亂 擾而不拔 靜而不寂 視而不顧 有能不用"

강하고 굳센 것, 유연하고 부드러운 것, 깨달음, 한가로움, 뛰어난 능력 등등. 우리의 삶에서 모두 필요하고 누구나 갖추었으면 하는 덕목이다. 그러나 부드럽기만 하고 약해 물러빠졌다면 이 역시 편향이며, 깨달음은 깨달음일 뿐 그것에 빠져 헤어나지 못하면 그 깨달음이 무슨 소용이겠는가. 능력도 없으면서 큰소리치는 것은 금세 드러나는 법이지만, 힘과 능력을 충분히 가지면서도 그 능력을 감추고 인내하는 것은 쉬운 일이 아니다. 도력이든 경제력이든 군사력이든 무엇이든 힘 가진 우월한 강자가 약자를 침탈하지 않는다는 것은 현실에서는 어쩌면 불가능한 일이기도 하다. '스스로 살리고 서로를 살리고 세상을 살리는' 지극히 큰 도, 즉 무극대도는 열한 가지 수행 지침을 제대로 행하면 '스스로 나타난다'고 의암 선생은 강조한다.

무병지란(無兵之亂)

내 몸의 중심은 '아픈 곳'이다. 손톱 밑 가시 하나에도 우리는 온 신경을 곤두세운다. 우리 사회의 중심은 우리 사회가 아파하는 곳이다. 2014 갑오년의 '세월호'는 우리 사회의 중심이다. 어느 철학자는 노동 유연화, 국가기관 민영화, 규제 완화, 세 가지를 세월호 참사의 원인으로 지적하면서, '살인자는 애초 선장이 아니라 신자유주의 제도'라고 말한다. 그는 신자유주의가 초래한 사회 구성원들의 '연대와 공공심'의 해체 또는 이기주의가 지속된다면 우리 사회 자체도 침몰할지 모른다고 우려한다.

　무극대도를 논하면서 신자유주의를 언급하는 것은 신자유주의의 편향성과 극단성 때문이다. 신자유주의는 인간과 자연을 순전히 경제 개념만으로 파악하며, 오로지 시장의 법칙과 이윤을 유일한 변수로 고려한다. 시장가치가 없는 것은 무시하고 단지 돈으로만 성공을 측정하는 경제 근본주의이며 경제 '유일사상'이다. '유일사상' 하면 북한을 떠올리겠지만, 우리 사회는 신자유주의라는 유일사상에 사로잡혀 있다고 보면 되겠다. 또한 신자유주의는 기본적으로 식민주의를 신봉한다. 한 사회의 경제를 인수하는 방법에는 두 가지가 있다. 무력과 금융수단이다. 무력을 동원한 군사 통치는 18~19세기적 옛이야기다. 오늘날은 아이엠에프(IMF), 세계은행 같은 신자유주의 금융 조직이 총칼 없는 군대 역할을 한다. 총칼 없는 전쟁이란 의미에서 신자유주의의 유행은 수운 선생이 말한 '무병지란(無兵之亂)'이다.

　십수 년 전 아이엠에프 환란을 겪은 이래 지속되는 '무병지란'으로 우리 사회는 안녕치 못하거니와, 어디로 향해야 할지를 모르고 있다. 영국의 대처 총리는 신자유주의 외에 '대안이 없다'는 말을 입에 달고 다녔다 하여 별명이 티나(TINA:There Is No Alternative)였다. 2013년 '티나(TINA)'의 죽음과 함께 신자유주의도 역사에서 퇴장을 준비하고 있다. 신자유주의라는 '무병지란'을 다스릴 새로운 대안은 기존 체제를 살짝 바꾸는 정도로는 부족하다. 커다란 방향 전환이 요구된다. 그래서다. 폴라니(Karl Polanyi, 1886~1964)의 『거대한 전환』(1944)이 때마침 '무병지란'을 멈춰 세울 대안으로 주목받고 있다.

폴라니는 시장(市場)은 자기 조정 능력이 없다며 존재 자체는 인정하되 시장에 대한 민주적 통제를 주장한다. 노동과 토지, 화폐는 판매를 위해 만들어진 진짜 상품이 아님에도 상품으로 취급되면서 사단이 발생한다고 한다. 노동은 인간 활동의 다른 이름으로 인간의 생명과 분리할 수 없는 것임도 순전히 경제 개념만으로 파악하니 인간의 가치는 평가절하되고, 민주주의나 인권 위에 군림하여 개인이 무슨 짓을 해도 된다고 생각한다. 자연일 뿐인 토지를 상품화하면서 산을 무너뜨리고 강을 파괴해서라도 이익만을 추구하게 된다. 교환의 수단인 화폐를 사고판 결과 헤지펀드와 같은 흉악한 금융 독주 사회로 귀결된다고 폴라니는 예측하였다. 기존의 주류경제학이나 마르크스주의와도 달랐던 그의 주장은 처음에는 그다지 큰 반향을 불러일으키지 못했으나 1980년대 이후 신자유주의가 창궐하면서 신자유주의를 치유할 방안으로 주목받는다. 2008년 미국 발 경제공황 이후 우리나라에서도 그의 영향력은 커져 가고 있다.

세상을 개벽할 힘덩어리

폴라니가 대안 체제로 주목했던 협동조합 등 공동체적 연대는, 1920~30년대에 천도교청년당이 조선농민사 활동을 통해 실천했던 것들이다. 조선농민사의 활동이 폴라니보다 더 선구적이었고 앞섰던 만큼, 폴라니의 이론 체계는 몰랐지만, 일제치하 1929년의 세계대공황이라는 암울한 상황에서도 조선농민사는 '협동, 공생, 상호부조, 계(契), 자주촌 건설' 등을 모색하며 "천도교야말로 새로이 건설될 조선문화의 요령(搖鈴)이요 새싹이며 세상을 개벽할 힘덩어리'라는 신념으로 바쁘게 움직였다. 천도교청년당은 '농민공생조합'을 조직하면서 '영리 본위의 상업화를 하지 말 것, 될 수 있는 한 적은 출자자를 많이 모을 것, 한갓 점포 확장에만 힘쓰지 말 것' 등의 원칙을 세운다. '공동경작계'의 정관을 만들어, 순이익의 절반은 리·동 농민사의 기본금으로, 나머지는 농민사원들을 위해 사용한다. 또한 천도교가 이상으로 하는 지상천국은 천도교 자주촌 건설에서 비롯된다며 '촌정(村政)지도, 공동작업, 교육기관건설'을 마을 단위로 조직한다. 자주촌 건설은 일제가 기를 쓰고 마을공동체를 파괴하려 하였던 정책에 대한 저항이기도 하였다. 일제는 갑오년 동학혁명을 통해 자신의 지배를 위협하는 실제적 기반이 농민들의 마을 공동체임을 잘 알고 있었다.

한편 천도교청년당의 활동은 일제의 정책에 순응한 '투항주의'로 치부되거나, '개량주의'로 낙인찍히며 당대의 웃음거리가 되기도 하고 공격의 대상이 되기도 했다. "모든 것을 마르크스·레닌의 말대로만 하려던 것이 잘못인 줄을 알았다."고 하면서 사회주의 농민운동과 거리를 둔 때문이기도 하였다. 그러나 '농민공생조합', '공동경작계'

그리고 '자주촌 건설' 등의 활동은 식민지 조선 사회에 뿌려진 무극대도의 종자 노릇을 했고, 해방정국에서 천도교청우당의 괄목한 성장의 배경이 되었다. 이후 남북 분단과 한국전쟁을 거치면서 그간의 노력이 물거품으로 된 것은 참으로 가슴 아픈 일이라 하겠다.

격양가

수운은 노래하였다 : "하원갑(下元甲)이 지내거든 상원갑 호시절에 만고 없는 무극대도 이 세상에 날 것이니, 너도 또한 연천해서 억조창생 많은 사람 태평곡 격양가를 불구에 볼 것이니….(「몽중노소문답가」)"

수운 선생이 상상하고 노래했던 이상적 세계는 '요순 성세'였고, 만백성이 모두 요순[民皆爲堯舜]이 되는 지상신선의 세계로, 무극대도가 이 세상에 실현되어 태평곡 · 격양가를 소리 높이 부르는 세상이었다. 「격양가」는 풍년이 들어 농민들이 땅을 두드리며 태평한 세월을 즐거워하는 내용의 노래로, 요임금 때 태평 세상을 구가한 한 노인의 노래로 알려져 있다 : "해 뜨면 밭에 나가 농사 짓고 해가 지면 돌아와 쉰다. 우물을 파서 물을 마시고 밭갈이해서 먹으니, 제왕의 권력인들 내게 무슨 상관이 있을손가."*

이 노래가 수천 년을 두고 전승되는 것에는 깊은 뜻이 있다. 격양가

---

* 「擊壤歌」, "日出而作, 日入而息, 鑿井而飮, 耕田而食, 帝力于我何有哉"

에는 밭갈이해서 먹으며 자력으로 살아가는 백성에게 제력(帝力), 즉 제왕의 권력이 그 무슨 상관이 있느냐는 뜻, 즉 권력의 간섭과 압제가 없는 민주 사회에 대한 열망이 담겨 있다. 백성을 들볶고 통제·억압하는 '유위(有爲)'의 공권력에서 해방된 '무위(無爲)의 이상향'이 격양가의 뜻이다. 중앙 권력이 덜 다스리는 '작은정부'에서 백성이 자율적 자치를 누릴 수 있는 유토피아야말로 수운 선생이 지향했던 '동학의 이상향'이었다.

수운 선생이 언급한 「격양가」에 담긴 의미를 신일철(申一澈, 1931~2006)은 이렇게 풀었다 : "격양가에 기탁된 동학의 지상천국의 정신적 의의는, 강권의 횡포가 없는 자유사회와 시민의 자율적 자유권을 보장하기 위해, 권력이 인위적 조작으로 전체론적인 유토피아 건설의 허상을 강행하기보다는 시민자율의 자치공간과 경제적인 시장질서 등 시민사회의 자생적 질서가 토대가 되어야 한다는 시민사회의 가치관을 예감한 데서 찾을 수 있다.(『신인간』, 2002.8)"

'무극대도'와 잘 어울리는 동학의 비결 하나를 소개한다.

"용이 태양주를 전하니 궁을이 문명을 돌이키도다.*"

---

* 『해월신사법설』「강시」, "龍傳太陽株 弓乙回文明"

균형감각과 평화의 정신
-오수부동(五獸不動)

120년 전 갑오년에는 동학혁명이 일어났다. 그 틈에 중국(청)과 일본은 전쟁을 벌인다. 힘없는 조선의 땅은 청국군과 일본군의 전쟁터로 변해 불바다가 된다. 10년 후, 일본은 러시아와 전쟁을 벌인다. 한반도를 둘러싼 당시의 상황을 가장 적절하게 나타낸 말은 아마도 오수부동(五獸不動)이라는 표현일 게다. 러일전쟁 직전 의암 선생은 일본에 머물면서 국제정세를 관망하며 갑진개혁운동을 계획하고 있었다.

"불민한 나로서 세계 대세를 살펴보니 온 세상이 모두 강해져서 비록 싸운다 할지라도, 같은 적수가 서로 대적하여 싸운 공이 없으리니 이것을 오수부동이라 말하느니라.(「삼전론」)"

'다섯 짐승'이 대한제국을 식민지화하려 달려들지만 상호 간의 견제로 대한제국을 일방적으로 집어삼키기는 힘들 것이라는 정세 판단이기도 하고, 막대한 무기로 무장한 싸움의 당사자 서로의 힘이 비슷함에 따라 그 쌍방이 모두 큰 피해를 입는 까닭에 이기더라도 싸운 공이 없을 것이라는 뜻도 된다. 따라서 의암 선생은 무기로 하는 전쟁 아닌 세 가지 싸움(三戰論)을 준비해야 한다고 강조한다.

무기로, 군대의 힘으로 대항한다는 것이 현실적으로 불가능하다는 것을 우선 의암 선생은 동학혁명을 통해 뼈저리게 통감한 바 있지만, 특히 일본에 체류하면서 국제정세를 폭넓게 그리고 구체적으로 알게 되면서 이러한 인식이 더욱 깊어진 것이다. 그리하여 무기로 싸우는 것은 쓸데없는 것이라 하고, 무기보다 더 무서운 세 가지, 즉 도전·재전·언전을 제시한다.

도전(道戰)

무엇보다도 우선해서 도전(道戰)을 강조한다. 도전! 무기, 군대를 동원한 싸움이 아닌 도력의 싸움이다. 「삼전론(三戰論)」의 핵심 구절을 살펴보자.

도전무적(道前無敵), 도 앞에는 대적할 자 없다! 마음공부하는 측면에서 보아도 마음에 새겨두어야 할 명언임에 분명하다. 도 앞에는 대적할 자 없다! 도에 대한 일편단심과 정열을 이만큼 압축적으로 표현한 말도 흔치 않으리라.

그러나 여기서 언급되고 있는 도는 흔히 우리가 말하는 '도 닦는다', '수도(修道)한다' 할 때의 그런 도와는 차이가 있다. 문명의 도이다. 개화의 도이다. 앞서 개화를 이루고 문명을 연 나라에서 행하는 도이다. 의암 선생은 다음과 같이 분명히 선언한다 : "세계 각국이 각각 문명의 도를 지키어 그 백성을 안보하고, 그 직업을 가르쳐서 그 나라로 하여금 태산같이 안전하게 하니 이것은 별 수 없이 도 앞에는 대적할 자 없다는 것이리라.(「도전」)"

사실,「삼전론」은 갑진개혁운동의 이론서이다. 무릇 많은 사람을 움직이게 하고 하물며 목숨마저 내걸게 하는 그런 일에는 반드시 그 이론적·사상적 근거가 있다. 1903년 일본에서 발표된「삼전론」과 「명리전」은 갑진개혁운동의 이론적 근거이다. 여기에는 일본에 체류하면서 의암 선생이 보고 듣고 느낀 바를 잘 나타내고 있다.

러일전쟁을 앞두고, 결정적으로 조선을 희생양으로 삼으려는 국제 정치의 흐름은 파악하였지만, '무가내라 할 수 없는' 봉건 왕조 치하의 조선의 무능함에 대한 의암 선생의 안타까움이 구구절절 배어 있다. 조선이 러일전쟁 승자의 제물이 되는 것을 막으려고 고민하며 보국안민의 계책을 토론한 것이 삼전론이고 명리전이다.

의암 선생은 일본에 망명하여 국제정세에 정통해지면서, 현실적으로 일본이나 러시아에 대항하여 싸울 수 있는 우리 힘이 너무도 미약함을 절감하고 있었다. 무력으로 '외적'을 상대할 수 없음을 너무도 잘 알고 있었다. 당시 대한제국의 인구는 1천만 명은 족히 넘었지만 그중 군대의 병력은 넓게 잡아도 2만 명이 채 안 되었다. 이는 러·일이 양국 간의 전쟁에 투입한 병력(각 120만 명, 일본군 사상자 60만 명, 러시아군

사상자 40만 명)과 비교해 본다면 너무도 적은 숫자임을 의암 선생은 일본에 머물면서 새삼 확인하고 있었다.

대한제국의 경우 1905년 전후의 1년 예산은 대체로 1천만 원 안팎이었고, 1904~1905년 당시 일본의 경우 1년 간의 군사비만 19억 엔에 달했다. 원화와 엔화의 가치를 생각한다면 한국의 1년 국가 예산은 일본의 군사비와만 비교해도 1 대 70의 차이였고, 일본의 예산과 비교하면 90분의 1에 불과했다 한다.

이같이 열악한 한국의 군사와 재정으로 어떻게 호시탐탐 침략의 기회를 모색하던 일본의 정예 병력을 상대할 수 있겠는가. 도전에 대한 강조는 어쩔 수 없는 강요된 선택이기도 했다. 비록 군사력으로, 무력으로는 외적과 상대가 되지 않지만 민(民)의 힘을 인화(人和)를 통해 모으면 보국안민의 대책이 어려울 것이 없다고 단언한다.

병력으로 치는 곳에는 아무리 억만 대중이 있다 할지라도 억만심이 각각이요, 도덕이 미치는 곳에는 비록 열 집의 충성이 있다 할지라도 같은 마음 같은 덕이라, 보국의 계책이 무엇이 어려울 것인가.

언전(言戰)

의암 선생은 도전에 이어 재전(財戰)을 강조하고 그리고 언전(言戰)에 대해 특별히 중요시한다. 언전은 사리에 맞고 조리 있는 웅변을 뜻하는 것이 아니다. 세계 교역에 대비하여 외국어를 잘해야 하는 것을 강조한 것도 아니다. 언전은 바로 담판법을 말한다. 의암 선생이 결국 언급하고자 하는 것은 외교술이며 외교전이고, 나라와 나라 사이에 분쟁이 격화되면 외교를 통한 해결책이 세계 무대에서 점점 큰 비중을 차지할 것임을 강조한 것이다.

"교제할 때에 또한 담판법이 있으니, 두 적이 서로 대하여 판결하기 어려울 때에는 여러 나라가 모이어 먼저 시비곡직을 가리고, 경위의 가부를 열람하여 … 마침내 귀화할 규정을 짓나니, 이때를 당하여 만일 그 반푼 경위라도 지혜와 계책에 맞지 않으면, 어찌 가히 세계무대 위에 권위를 세울 것인가.(「언전」)"

의암 선생의 언전, 즉 외교술 또는 외교전은 1903년, 갑진개혁운동 시작 1년 전부터 본격적으로 실행된다. 구체적으로는 일본과의 연대를 추진하는 것으로 나타난다. 의암 선생은 1903년 한반도를 둘러싼 러시아와 일본 간의 대립이 격화되자 전쟁을 필연적인 것으로 인식하고, 이 기회에 동학교도를 동원, 일본군과 협동하여 러시아 세력을 축출하는 한편 한국 정부를 개혁하고 정권을 장악할 것을 계획한다. 그리하여 권동진을 통해 일본군 참모총장 다무라(田村)를 만나, 러일전쟁이 일어나면 일본군과 동학군이 힘을 합해 서울로 쳐들어가 친러정권을 무너뜨리고 러시아의 패전을 위해 노력하기로 합의한다. 이러한 사실은 삼전론의 언전의 구체적 실천 사례라 할 수 있다. 외교적 책략을 통한 문제 해결법이다.

그리하여 의암 선생은 동생인 손병흠을 국내에 파견하여 동학교도들로 하여금 거사 준비를 서두르게 했다. 그러나 다무라가 1903년 8월 5일 갑자기 죽었으며, 또 국내에 파견되었던 손병흠도 일본으로 건너가는 도중 8월 3일 부산에서 원인 모르게 죽음으로써 계획이 실패로 돌아간다. 이는 언전의 실패을 의미하는 것이기도 하였다.

공화정과 입헌주의

여기서 우리가 주목해야 할 것은, 일본과의 연대는 언전의 실천이라는 면으로 해석할 수 있다지만, 친러정권을 타도하려는 계획은 어떻게 해석해야 하는가?

의암 선생이 다분히 정치 지향적이었다는 것은 잘 알려져 있다. 동학혁명 당시 북접을 지휘했던 이력도 그러하거니와, 동학혁명 후 10년 뒤의 갑진개혁운동의 전개 과정을 살펴보면 종교 지도자로서의 이미지보다는 혁명가·정치가의 자질을 유감없이 보여주고 있다.

1901년 3월 일본으로 망명하였던 의암 선생은 1906년 1월 귀국한다. 이 5년 동안 의암 선생은 정치사상적으로 많은 변화를 겪는다.

"서양 사람은 이 세상의 운을 타고 확실히 동양 사람보다 투철하여 각각 활동하는 기운이 있으므로 … 공화의 정치와 입헌의 정치가 세계에 문명을 하였고 당세에 이름을 드러내니 이것이 동서양 번복의 이치가 아닌가.(「명리전」)"

의암 선생은 일본 망명을 통해 결정적으로 민주주의의 핵심 원리라 할 공화제와 입헌주의를 수용하였다. 제 손으로 뽑은 대통령을 마음에 안 찬다며 물러나게 한다면서 탄핵을 단행하기도 한 대한민국이니, 요즘의 관점으로 보면 백여 년 전의 공화제 수용이 무슨 대단한 것일까마는, 혁명아 전봉준 등의 사상마저 다분히 유교적이었고 봉건 체제를 옹호하는 근왕주의적 성격을 벗어나기 어려웠다는 비판이 있다는 사실에 비추어 보면 이는 놀랄 만한 진전이라고도 할 수 있다.

그리고 의암 선생은 당시 조선의 정치 상황을 신랄하게 비판하고 있다. 이러한 비판은 "임금은 맨 처음 자리를 전해준 임금이 없건마는 법강을 어디서 받았는가?"라고 한 수운의 의문에 대한 답변이기도 하였다. 동학 창도 당시에는 임금이란 존재에 대한 의문을 품는 사실 자체가 대역죄를 짓는 것이니, 수운 선생의 표현은 대단히 시적이고 우회적이지만, 의암 선생은 단호하게 말한다.

"임금은 처음에 인민 가운데로부터 세운 명칭이요, 인민은 처음부터 임금의 기른 바가 아니니라. 그러므로 백성이 오직 나라의 근본인 것은 밝기가 불 본 듯하도다. 지금 우리 동양은 그렇지 못하여 임금이 백성 보기를 노예같이 하고 백성이 임금 보기를 호랑이 같이 무서워하니, 이것은 가혹한 정치의 압제라….(「명리전」)"

동양이라 에둘러 말하지만 결국 조선의 압제적 정치 상황을 강하게 비판하고 있다. 즉, 의암 선생의 사상은 이미 유교적 군신 질서를 생명처럼 중히 여겼던 대부분의 유생들, 지식인들의 수준을 벗어나 있다. 공화제와 입헌제를 수용하고 있는 의암 선생에게 호랑이처럼 무서운 임금은 더 이상 임금일 수 없었다. 개혁의 대상이었다. 가혹한 압제의 정치가 인민을 노예처럼 부린다면, 그럼에도 국내에 이를 개혁할 주체가 없다면, 동학이 앞장서서 '언전'을 통해 일본과 연대해서라도 조선왕조의 개혁을 주도해 나가야겠다고 판단한 것이다.

민회의 성격

일본과 연대하여 친러 정권을 전복하려던 시도는 무산된다. 1904년 2월 8일, 러일전쟁은 마침내 발발하고 조선의 앞날은 풍전등화! 스스로 평가했듯 의암 선생은 삼류의 술책을 동원한다. 인민을 일으켜 대거 혁명할 처지도 아니었기에, 압제의 정권을 교체할 아무런 제도적 장치도 없었기에, 상책도 중책도 아닌 하책(下策)을 동원한다.

즉 러일전쟁에 관여하여 이기는 쪽에 편들기로 한다. 이리하여 갑진개혁운동의 주도체로 민회(民會)의 설립을 추진한다. 민회를 추진한 것은 무능한 정부가 스스로 개혁할 수 없다고 판단하였기 때문이다. 의암 선생은 당시 대한제국 정부를 다음과 같이 평가하였다.

"만일 강적이 침략하여 온다 할지라도 정부에서는 막을 만한 계책이 없고, 가난과 추위가 뼈에 사무쳐 백성이 물리칠 힘이 없으니 실로 통곡할 일이로다. 전혀 다른 까닭이 아니라, 이것이 시대의 운수니 이를 장차 어찌할 것인가.(「명리전」)"

그러면서 그 대책이 무엇인지, 어떻게 할 것인지에 대한 고민을 토로하고 있다.

"그러나 오직 우리 동포가 만약 보국안민할 계책을 잃으면 동양 대세를 반드시 안보하기 어려울 것이니 어찌 통탄하지 아니하랴 … 그러면 그 정책이 진실로 어디 있는가 … 그것을 참으로 실시할 계책이 장차 어디 있는가.(「명리전」)"

거듭 의암 선생은 보국안민의 계책이 무엇인지 되묻는다. 무능한 정부가 할 수 있는 일이 아무것도 없음을 통탄하고 정부가 하지 못하니, 우리 동포가 나서서 보국안민의 계책을 마련해야 한다고 거듭거듭 주장한다. 이렇게 하여 민회가 추진된다. 1904년 3월 의암 선생은 법무대신에게 보낸 글에서 민회에 대해 구체적으로 설명하였다.

"우리나라 8도 안에 사람은 여전히 고루하지만, 이들 가운데 그 뜻 있는 이를 가려내면 몇 천백만은 됩니다. 이들을 불러 모아 안으로 교육을 하고 무엇으로 이름을 하든지 민회를 설립하고, 크고 작은 일을 의논케 하고 정부는 외국과 교섭하여야 합니다. 이렇게 하면 비록 외국과의 교섭에서 결실을 맺지 못하더라도 창생보국하겠다는 신념은 골수에 젖어들 것입니다. 이와 같이 한 후에 외적의 까다로운 청구사건을 지휘하면 민심이 죽기로서 지켜 대항할 것이며, 이에 외적의 반격을 받을지라도 백성들에게는 해로울 것이 없을 것입니다(『의암손병회

　민회는 동학교도들이 중심이 된 정치운동 조직이었다. 처음에는 '대동회(大同會)'라는 이름으로 추진하다 여의치 않자 '중립회(中立會)'로 바꾸었다가, 1904년 8월 30일, 진보회라는 이름으로 4대강령을 발표하고 전국적인 거사에 돌입하였다. 의암 선생은 1904년 2월 러일전쟁이 일어나자 일본군에 군자금 1만 원을 보내고, 국내의 두령 40명을 불러 정치단체를 결사하여 러일전쟁에 공동 출병할 것을 지시하였다. 서울로 돌아온 두령들은 대동회(大同會)를 조직하고 비밀리에 도인을 모았으나, 대동회는 조선 정부와 동학 세력을 배제하고 독자적으로 조선에 대한 패권을 장악하려는 일본군대에 의해 해산되었다.

　앞에서 언급했듯이 당시 조선 정부의 1년 예산이 1천만 원 정도로 1만 원이면 상당한 거액이었다. 의암 선생은 일본과의 협력을 위해 이처럼 거액을 투자하는 등 상당한 공을 들였으나 민회 설립이라는 민감한 부분에 대해서 일본은 여전히 경계를 하고 있었다.

동학의 합법화

먼저 주목할 점은 대동회나 중립회의 설립이 무산된 점이다. 의암선생이 법무대신에 올린 글에서 명백히 드러나듯, 일반 민중들을 동원한 대중적 운동으로 러일전쟁의 위기를 타개하려는 뜻에서 전개하는 민회 운동을 당시 대한제국은 결코 허용할 수 없었다. 그러나 대동회와 중립회의 설립이 무산된 것은 동학을 배제하려는 일본의 견제가 좀 더 직접적인 원인이었다.

1904년 4월 의암 선생은 박인호 · 홍병기를 일본에 불러 7월 중으로 다시 이름을 중립회(中立會)로 바꾸어 재조직할 것을 지시했다. 이에 따라 호남 지역과 관서 지역에서 중립회가 설립되었으며, 〈대한매일신보〉에 100원의 격려금과 함께 의암 선생은 내정개혁론에 대한 5개 조항을 실어 중립회의 취지를 선전했으나, 이 역시 정부와 일본군의 탄압으로 성공하지 못했다.

대동회와 중립회가 무산되자 의암 선생은 이용구를 조선에 파견하여 회의 명칭을 진보회(進步會)로 바꾸고 전국적으로 16만 명의 회원을 확보하고 360여 군(郡)에 지방조직을 설치하여 전국적인 활동 기반을 갖추었다. 8월 30일(음 7월 20일)부터 일시에 궐기대회를 열어 갑진개혁운동이 시작되었다. 대동회와 중립회가 무산된 이후 전격적으로 진보회가 결성될 수 있었던 배경은 무엇인지 생각해 볼 필요가 있겠다.

의암 선생은 일본의 견제로 민회 설립이 실패하자, 일진회와의 결합을 통해 우회적으로 일본과 유대를 맺고자 했다. 의암 선생은 일본에서 일진회 고문 가무치(神鞭知常)와 교섭하는 동시에, 국내 조직 책임자인 이용구(李容九, 1868~1912)로 하여금 실질적인 일진회 조직자인 송병준(宋秉畯, 1858~1925)과 협상하게 했다고 한다.

진보회가 결성되는 8월 말경, 일본은 러시아와의 전쟁에서 압도적

승리를 하고 있었고 조선에 대한 지배력을 강화하고 있는 판국이었으므로, 자신들의 수족이나 다름없었지만 일진회의 빈약한 조직만으로는 부족하다 보고 조선 전체를 아우르기 위해 동학의 조직, 즉 진보회의 결성을 방조하면서, 친일세력이던 일진회와의 통합을 사전부터 책략하고 있었다고 생각할 수 있겠다.

이러한 정황을 살펴보면 진보회와 일진회 두 쪽 모두 서로에게 이용가치가 있음을 느끼고 접근했고 결국 통합에 이르렀다고 보아야 할 듯하다. 진보회가 일진회와 통합할 의사를 비치자 일본의 후원하에 있던 일진회가 정부의 동학 탄압 지시를 강력하게 비판하였고 정부는 동학의 토벌을 철회하고, 그해 11월 1일 그동안 갇혀 있던 동학교도들을 석방했다.

김연국을 비롯한 모든 동학교도들이 석방됨으로써, 동학은 40년간에 걸친 지하포교를 청산하고 비로소 국가의 공인을 받게 된다. 1890년대의 대중적인 교조신원운동으로도 쟁취하지 못한 동학 합법화를 일진회를 통해 이룬 것은 참으로 역사의 아이러니다. 이후 동학은 친일로 손가락질받는 값비싼 대가를 치른다.

교정쌍전

1904년 12월 2일 동학의 진보회가 일진회에 합동청원서를 각 도별로 제출하는 형식을 거쳐서 진보회(동학)와 일진회는 공식적으로 합동했다. 결국 동학교단은 국내 조직 전체가 1904년 12월 일진회에 합류했으나, 결합된 조직은 일진회 계열이 주도권을 장악했다. 그 후 일진회는 일본과의 유대를 위해 러일전쟁 수행에 일본군이 필요로 하는 철도 부설·군수품 조달 및 수송 작업·밀정 등으로 주로 활동했고 철도 습격 등 반일운동으로부터 일본군을 보호했다.

일진회의 친일 행위로 동학도 더불어 친일의 오명을 뒤집어쓴다. 일진회와 동학을 분리하기 위해, 의암 선생은 동학이라는 이름 대신 천도교라는 이름을 세상에 알린다. 동학을 천도교로 이름을 바꾸면서 의암 선생은 특별히 '교정쌍전'을 강조하였다.

교정쌍전(敎政雙全), 종교와 정치를 함께 병행해야 온전할 수 있다는 뜻이다. 동학을 세계 표준에 맞추어 천도교라는 종교로 새롭게 '광고' 하지만, 동학 본래의 뜻을 잊지는 말아야 한다는 뜻에서였다. 종교라는 틀에 동학을 맞추기는 하지만 45년 동안 동학이 이루었던 정치 지향적 역사를 결코 포기하지 않겠다는 의지의 표명인 셈이다.

갑진개혁운동에 대한 평가는 다양하다. 우선 의암 선생은 교정쌍전이라는 표어를 남기지만 정치적 행보에 신중을 기하고 천도교세의 획득에 열중하는 것으로 스스로 정치적 활동에 대해 평가한다. 정치 우선이 가져온 폐해를 인정하고 신앙적 깊이를 심화시켜 나갔다. 많은 사람들은 갑진개혁운동이 가지는 다양한 면에 대해 특히 일본과의 연대를 친일로 성토하며 '동학의 원류'에서 벗어났다고 비판한다.

북 · 일 수교와 일본의 집단자위권

동학혁명 120주년인 2014년, 한반도를 둘러싼 국제적 상황은 어수선하고 '오수부동'의 현실은 여전하다. 우선 일본과 북한의 움직임이 심상찮다. 북한은 일본이나 미국을 '우리 민족의 철천지 원수'로 본다. 이러한 북한의 '핵 포기 불가' 입장을 전달받고도 일본은 북한과의 수교를 위한 회담을 진행 중이다.

북일 수교가 현실화되면 당장 북한은 엄청난 경제적 이득이 된다. 미국의 대북 경제봉쇄망 무력화, 일본으로부터 받아낼 엄청난 식민지 배상금, 그리고 일본의 대북 경제투자 등 경제적 이익뿐만 아니다. 북일 수교로 미국이 인정하지 않는 북핵을 일본이 암묵적으로 인정해 주는 효과도 있다고 전망하는 사람들도 있다.

일본 역시 북일 수교로 얻을 수 있는 경제적 이득과 함께 나름의 속셈이 있다. 북일 수교로 북한이 얻을 이익이 많은 만큼 일본의 핵무장에 결사적으로 반대하지 않을 것이라는 예상도 있고, 일본은 마음만 먹으면 손쉽게 핵무장을 할 충분한 능력이 있다. 일본은 핵무장을 통하여 중국과 맞먹는 군사대국이 되려 할 것이다.

미국과 일본의 움직임도 심상치 않다. 미국은 일본을 통해 중국을 견제하려고 일본을 사실상 전쟁이 가능한 나라로 바꾸고 있다. 일본은 그동안 전쟁 범죄 국가였기에 스스로 전쟁을 수행할 수 있는 처지가 아니었다. 그러나 일본 자위대는 세계 10위권의 군사력을 갖춘 막강한 군대다. 군비 지출 규모만 보면 지난해의 경우 49조원 정도로 세계 6위이며, 일본 해군은 아시아 최고 전력으로 평가된다. 2014년 7월 1일, 일본은 자위대 창설 60주년을 맞아 헌법을 새롭게 해석하여 '집단자위권'을 행사할 수 있게 하였다.

아베 총리는 기자회견에서 "전후 70년간 평화국가의 길을 걸어왔다. 이번 결정으로 전쟁에 휘말릴 우려는 더욱 없어질 것이며, 다시 전쟁을 하는 나라가 되는 일은 있을 수 없다."고 했지만, 누구도 믿지 않는다. 중국은 일본의 이러한 결정을 맹렬히 비난한다. 반면 재정적 여력이 부족한 미국은 일본을 부추기고 적극 지지한다.

일본의 집단자위권 발동은 곧 유사시 한반도에 일본 자위대의 진출을 의미하므로 우리나라 사람들은 대부분 반대하지만, 미국의 영향력에서 자유롭지 못한 정부의 태도는 어정쩡하다. 그리고 미국은 오랫동안 한·미·일 연합 미사일방어체계(MD) 구축, 이에 필수적인 군사 정보 공유 양해각서 체결 추진을 재촉하면서, 고고도미사일요격체계인 사드(THAAD)를 한국에 배치하겠다고 지난 5월 공식으로 선언했다. 미국으로서는 잠재적 적국인 중국·러시아·북한과 지리적으로 가까운 한국에 MD를 배치하려는 것이다.

오수부동, 균형감각과 평화의 정신

이러한 미국의 압력에 중국의 눈치 또한 보아야 하는 우리는 고민이 깊을 수밖에 없다. 실제로 중국은 '한국이 미국의 추가적인 MD 배치를 받아들일 경우 중국과의 관계를 희생시키게 될 것'이라고 경고하고 있다. 십여 년 전부터 중국은 한국의 제1 무역국이고 그 비중이 점차 늘고 있다. 조정래는 장편소설 『정글만리』에서 이렇게 말한다.

"돈은 중국에서 다 벌어가면서, 방위는 중국을 견제해 대는 미국 편에 서 있는 것 말이야. 그래서 어느 지식인이 이렇게 비판했잖아. 한국은 도자기점에서 쿵후를 하고 있다. 그거 얼마나 표현을 잘했어. 도자기점에서 쿵후를 하면 어떻게 되겠어? 도자기들 다 박살내는 거지. 한국이 계속 그런 식으로 했다간 중국과의 관계는 도자기점이 될 수밖에 없잖아."

이념 전쟁이 사라진 지 오래된, 세계화된 오늘날이다. 우리 대한민국은 특히 편향된 이념과 사상을 오수부동(五獸不動)의 '균형감각'으로 정화할 필요가 있다. 오수부동이란 동학의 비결은 미사일과 핵이라는 살인기(殺人器)를 한반도에서 몰아낼 평화의 정신으로 여전히 매력적이다.

세 번째
비결; 우리가 동학을 사랑하는 방법

'동학하는 사람'들이 가졌던 열렬한 구도정신을 우리는 얼마나 가지고 있는가? 동학농민들이 가졌던 개혁과 변화에 대한 열정이 우리에게 눈꼽만큼이라도 있기는 한 것인지 의심하고 의심하면서 무능함과 나태함을 질책하며 스스로에게 물어본다. "나는 어떻게 동학을 사랑해야 할까?"

빈하고 천한 사람 오는 시절 부귀로세

- 우리 시대의 희망가, 헌법 119조 제2항

양극화와 빈곤 심화로 국민들은 불안하다. 쌍용자동차 무급 휴직자들은 희망을 잃고 절망 속에서 하나둘 목숨을 끊고 있다. 세계 최고 수준의 등록금으로 빚에 시달리며 고민하다 목숨을 끊는 학생들, 뉴타운개발에 보금자리 잃고 용산에서 불타 죽어 귀신 된 자들, 그 영혼은 아직도 구천을 헤맨다. 용산참사 직후 『난장이가 쏘아올린 작은 공(난쏘공)』의 작가 조세희는 말했다.

"6명, 적은 숫자가 아니다. 어제 진압에 들어갔던 경찰부대는 21세기의 경찰이 아니다. 조선 시대, 인구가 500~600만 명에 불과했던 조선 시대의 관군과 같다. 외국군이 들어왔을 때 백전백패하면서 동족 상대할 때는 백전백승을 했던 관군. 또 경찰은 명령이 떨어졌기 때문에 수행했다는, 5·18 때의 동족을 학살한 미개한 군인과 똑같다.(『프레시안』, 2009.1.22)"

『난쏘공』은 1970년대 광주대단지(지금의 성남시) 사건 때의 철거민 등을 소재로 한 소설이다. 우리 집에는 두 권의 『난쏘공』이 있다. 거의 30년 전에 발행된 세로쓰기의 초판본 낡은 책은 내가 보던 것이고, 100쇄를 거듭한 새 책은 우리 집 아이가 학원 숙제로 구입한 것이다. 새 판에 보니 초판본에 없던 '작가의 말'이 붙어 있다.

"집이 헐리면 당장 거리에 나앉아야 되는 세입자 가족들과 내가 그 집에서의 마지막 식사를 하고 있는데, 철거반들은 철퇴로 대문과 시멘트 담을 쳐부수며 들어왔다. 철거반과 싸우고 돌아오다 작은 노트 한 권을 사 주머니에 넣었다.(『난쏘공』「작가의 말」)"

작가 조세희는 신춘문예로 등단 후 10년 동안 글을 쓰지 않고 있다가, 광주대단지사건을 계기로 다시 펜을 잡았다고 고백하고 있었다. 『난쏘공』의 노작가는 용산참사를 보며 "30년 전보다 더 끔찍하다. 학살을 막지 못한 우리도 죄인이다."라고 자책한다.

대책 없는 청년실업! 해결책 못 찾는 비정규직! 살아도 산 것 같지 않은 이웃들! 초국적 자본이 주도하는 세계화의 물결 속, 선진화(?)된 '카지노 자본주의'가 야기한 금융위기에 한국이 희생양이 된 이후의 풍경들이다. 이명박 정권이 들어선 이후 민주주의가 심하게 훼손되고 한울님이 부당하게 죽고 있다(이 글은 〈개벽신문〉(2011.5)에 발표한 것이다. 그러나 몇몇 글자만 바꾸면 지금도 크게 다르지 않다. - 필자). 한울님을 일찍 죽게 하고 있다. 해월 선생은 '한울님을 일찍 죽게 하지 마세요!' 이렇게 부탁하지 않는다.

"한울님을 일찍 죽게 하지 말라(「십무천」)!"

이렇게 소리 높여 엄명한다. 몇몇은 외치는 것만으로 부족하여 막고 나선다. 대통령도 앞장서서 '공정사회'를 외쳤다. 대기업의 초과이윤을 나누어 중소기업도 함께 잘 살자고 정운찬 전 총리도 한마디한다. 희망의 메시지다. 희망을 노래하자마자 삼성의 이건희는 "사회주의국가에서 쓰는 말인지 자본주의국가에서 쓰는 말인지 공산주의국가에서 쓰는 말인지 모르겠다."며 찬물을 끼얹는다.

정부의 곽승준 미래기획위원장마저도 대기업이 너무 세서 누구도 견제를 못한다며 "대주주인 국민연금이 건강한 주주권을 행사하는 게 가장 바람직하다."라고 외친다. 그러자 경제단체들은 '연금 사회주의'라며 딴지를 건다.

17년 전, 이건희는 북경에서 한마디 했다. "한국 정치는 4류, 행정은 3류, 기업은 2류"라고. 물론 당시 한국 정치가 저질이었던 것이 사실이라 하더라도, 한국 정치보다 더 나을 게 없었던 재벌이 정치가 더 저질이라고 비난한 것은 황당한 일이었다. 그러나 많은 국민들은 이건희의 말에 박수를 쳤다. 재벌들은 야합을 해도 국민을 먹여 살린다는 명분이라도 있었지만, 당시 정치는 권력의 정통성마저 취약했고 막 민주주의의 걸음마를 시작한 단계였기 때문이다.

세월이 흘렀다. 박정희나 전두환 시대처럼 정치권력의 정통성에 시비를 거는 일은 이제 없다. 독재는 아니라는 것이다. 한국 정치는 형식적인 면에서는 민주주의의 원칙은 지키고 있다고 할 것이다. 그러나 IMF 이후 양극화의 골은 깊어지고 경제 권력은 독재가 더욱 강화됐다. 1987년에 삼성은 고만고만한 국내 재벌이었다. 지금은 대통령도 함부로 못하는 거대 권력이다. 삼성은 사법부, 국회 위에 군림한다.

그러나 이건희의 말에 대한 국민들의 반응은 예전 같지 않다. 이건희는 자신의 말마따나 "'이자의 이자의 이자'만 갖고도 3~5대까지 먹고 살 수 있는" 엄청난 부자이면서, 언행이 일치하지 않는다는 것, 즉 거짓말도 엄청 많이 한다는 것을 국민들이 알기 때문이다. 국정원보다 뛰어난 정보 수집력을 갖고 있다는 이건희는 이러한 국민의 정서까지도 벌써 눈치챘을 것이다. 그래서일까, 지난 4월 이건희는 '사회공헌연구실'을 만들어 사회를 위해 유익한 일을 하겠다고 발표했다.

이 시대의 화두인 양극화, 소득분배 불평등, 빈곤의 확대는 경제민주화 없이 해결할 수 없다. 경제민주화가 없다면 우리 사회는 희망도 없다. 동학의 창시자 수운 선생은 희망을 노래했다.

"빈하고 천한 사람 오는 시절 부귀로세.(「교훈가」)"

그리하여 '유리걸식 패가자'도, '풍편에 뜨인 자'도 동학에 기웃거렸다. 동학에서 희망을 보았기 때문이다. 또 수운은 노래했다.

"부하고 귀한 사람 이전 시절 빈천일세.(「교훈가」)"

그리하여 '전곡 쌓인 부첨지'도, '매관매직 세도자'도 동학에 솔깃했다. 자신들의 장래가 궁금했기에, 또 부하고 귀한 사람 '오는 시절 빈천'이라 하지 않았기에. 수운은 증오를 가르치지 않고 희망을 노래하고, 불안한 민심을 달래고 안심시켰다. 동학은 희망의 메시지였다. 그러나 '같잖은' 백성들에게 희망을 노래하는 것은 대역무도한 죄. 수운은 체포되고 모진 고문 끝에 참형당한다.

이 시대의 희망가, 헌법 119조 제2항

대한민국 헌법 119조 제2항은 희망을 노래한다 : "국가는 균형있는 국민경제의 성장 및 안정과 적정한 소득의 분배를 유지하고, 시장의 지배와 경제력의 남용을 방지하며, 경제주체 간의 조화를 통한 경제의 민주화를 위하여 경제에 관한 규제와 조정을 할 수 있다."

1987년 헌법 개정 때 경제민주화 조항을 만드는 데 역할을 한 김종인은 "언젠가는 삼성과 같은 재벌이 국가권력에 정면 도전하는 일이 올 것으로 생각했다. 제119조에 경제민주화 조항을 만든 것도 이런 상황을 대비해서였다."라고 말한 바 있다.

정부에서 제기하는 '공정사회', '초과이윤 공유제', '국민연금 주주권 행사' 등은 경제민주화의 한 방안일 게다. 말은 쉬워도 실현은 하나같이 쉽지 않은 과제들이다. 그러나 많은 국민들은 경제민주화에 희망을 걸고 있다.

문제는 당장 이러한 정책들에 이건희 같은 이들이며 경제단체들이 '사회주의'라는 딱지를 붙인다는 것. 이는 참형의 칼을 대기업이 쥔

꼴이며, 처음부터 대다수 국민들의 희망의 싹을 자르겠다는 의도다. 삼성과 같은 재벌이 국가권력에 정면 도전하는 비상사태가 발생한 셈이다. 재벌이나 경제단체의 반응에서 "권력이 이미 기업으로 넘어갔다."(2005년 노무현 전 대통령의 말)는 말을 절감한다. 이미 대기업은 누구도 견제하기 힘든 공룡이다. 야구방망이로 근로자를 치고 수천만 원을 매 값으로 계산하는 천박함을 보면, 재벌들이 정치권력을 장악한다는 것은 생각만 해도 끔찍한 일이다.

수운은 노래했다 : "십이제국 괴질운수 다시개벽 아닐런가." '십이제국'은 세계화의 혼란을 의미한다. 19세기 세계화의 혼란 속에서 대륙의 동쪽 끝에서 태어났기에 동학은 지역적이며 동시에 세계화의 산물이었다. '괴질운수'는 협력 · 긴장 관계인 초국가 자본과 재벌을 뜻한다. 초국가 자본과 한국의 재벌은 괴질, 즉 사회적 질병이다.

'다시개벽'은 결코 기울어진 지축이 바로 선다든지 땅이 꺼지고 바다가 솟는 천지개벽이 아니다. '다시개벽'은 "후천개벽, 즉 신사회 건설이며, 그 시대에 있어서 사회적 결함을 알고 그의 불평(不平)에 우는 자가 그 시대를 먼저 밝게 본 정신 개벽자이다." 천도교의 철학자 야뢰 이돈화의 말이다. 이 시대의 결함은 양극화와 빈곤의 확대에 있다. 이 사회적 결함은 단지 경제적인 궁핍만이 아니다. 과거 사람들은 가난해도 잘도 견디며 희망을 품고 살았다. 그러나 이 시대의 양극화와 빈곤의 확대는 많은 사람들을 절망시키고 희망을 앗아가는 것이라 더욱 문제다.

헌법 119조 제1항은 "대한민국의 경제질서는 개인과 기업의 경제상의 '자유'와 창의를 존중함을 기본으로 한다."라 했다. 여기서의 자유가 양극화와 빈곤을 확대하는 자유라면 마땅히 제한해야 한다 : "사람이 사람을 착취할 자유, 자신이 누리는 지위와 부·권력에 상응하는 봉사도 없이 턱없이 과다한 이익을 취할 자유, 사적인 이익을 위해 은밀한 공작으로 공공에게 재난이 될 일을 일으키고 그 재난에서 이윤을 취할 자유 등은 마땅히 제한되어야 한다."

인간이 당하고 있는 고통의 근원이 무엇인지 '살이 마를 정도로 고통스럽게 고민했다'는 참된 '정신개벽자'였다고 할 칼 폴라니(Karl Polanyi, 1886~1964)의 말이다.

인내천 관점에서 바라본 노동
- 노동운동가 표영삼

5월 1일, 오늘은 노동절. 자본주의사회에서는 사람의 노동을 따로 분리하여 돈으로 계산하지만, 그 돈이 곧 사람의 가치를 판단하는 전부는 아니다. 동학·천도교의 핵심은 인내천(人乃天), 즉 사람이 곧 한울님이라는 뜻이며, 사람이 무엇보다 귀하다는 의미다. 인내천의 관점에서는 노동을 어떻게 보아야 할까?

노동절에 새겨보는 인내천의 의미

어떤 경제학자는 인간은 단지 경제적인 동기 때문에 노동하는 것이 아니라고 주장하며 노동을 이렇게 정의한다.

"노동이란 인간 활동의 다른 이름일 뿐이다. 인간 활동은 인간의 생명과 함께 붙어 다니는 것이며, 판매를 위해서가 아니라 전혀 다른 이유에서 생산되는 것이다. 게다가 그 활동은 생명의 다른 영역과 분리할 수 없으며 비축할 수도 없다(칼 폴라니, 『거대한 전환』)."

노동은 우리 인간의 삶, 생명과는 불가분의 관계로 결코 분리할 수 없다는 것이다. 노동은 삶 그 자체이고 동시에 생명이기도 하다는 것이다. 그만큼 노동은 무엇과 교환될 수 없는 귀중하다는 것이다. 노동에 대한 이러한 관점은 바로 인내천이라는 측면에서 노동을 해석한 것이라 해도 될 듯하다.

과거 인내천의 관점에서 노동운동을 전개한 사람들은 많았다. 일제하에 천도교는 조선노동사(朝鮮勞動社)를 조직하였고, 원산총파업 당시 원산의 조선노동사 조직이 많은 역할을 수행하였다. 그리고 해방 전후 노동운동을 통해 성장한 천도교인들은 천도교청우당(天道教青友黨)을 결성하는 데 참여하였고 이들은 천도교청우당의 '건국이념'을 아래와 같이 주장하였다.

"근로대중의 단결로써 사회적 모순을 개혁하여야 한다. 한국의 근로계급은 비록 어리고 약하나 한국에 있어서는 유일한 애국 세력이다. 산업자본이 자주적으로 성장하여 주권을 장악하고 외국의 제국주의에 반항하지 못하는 한국에서 민족의 선두에서 해방과 자주 독립을 전취할 만한 자는 오직 근로계급뿐이다. (독립된 조선이 실현해 나가야 할 체제는 - 인용자 주) 선진자본주의 국가는 물론이요 중국의 그것과도 다르다. 지주 자본가 계급들이 제국주의와 결탁하고 타협하여 자신을 유지 발전시키는 동안에 근로계급만은 자초지종 그들에게 착취당하고 억압당하였다. 인구의 8할 이상 되는 이들 근로대중의 자유 없이는 진정한 민족자주는 있을 수 없을 것이다. 동시에 근로대중의 완전한 정치적 참여 없이는 진정한 민주주의가 실현될 수 없을 것이다."

(인용자가 현대어로 고침)

한국전쟁을 거치면서 천도교의 쇠락과 더불어 노동운동과 관련된 천도교의 움직임을 찾아볼 수는 없다. 다만 천도교의 기관지인 『신인간』지에 노동문제 관련하여 이론적인 차원에서의 관심을 나타내는 논문들을 만날수 있다. 이러한 글은 주로 『동학』1, 2의 저자인 표영삼(三菴, 表暎三, 1925~2008)이 쓴 것으로 1970~80년대의 독일 노동운동의 상황을 소개하는 등 지금의 한국 노동운동 현실과 비교해도 수준 높은 글들이다.

노동운동가 표영삼

표영삼이 그러한 글들을 천도교의 기관지인 『신인간』에 소개할 수 있었던 것은 표영삼 자신의 노동운동 경험이 있기 때문이었다. 표영삼은 이제 많은 사람들에게 『동학』1, 2의 저자로, 동학 연구자로 유명하지만, 그가 동학 연구에 본격적으로 매달리기(1970년대 후반 이후) 전에 한 일은 노동운동이었다.

1995년경 표영삼이 70세를 넘긴 후 대전에서의 한 강연에서 자신의 삶을 회고하며, 70 평생을 살아오면서 가장 안타까웠던 몇 가지를 언급하였다. 그중 하나가 와이에이치(YH) 노동자 사건이다. YH 노동자 사건을 언급하며 표영삼은 "YH 노동자들의 농성장에 음료수 하나도 들어보내 주지 못한 것이 너무도 안타까웠다."고 회고했다. 표영삼은 한때 섬유노련의 교육선전부장으로 활동했는데 YH 노동자들을 삼암장이 직접 교육하고 지도하였다.

'YH 사건'은, 1978년 YH 여성노동자들이 임금 인상 투쟁 과정에서 당시 야당이었던 신민당사에서 농성을 벌였고, 경찰이 신민당사에 진입하여 강제 해산하는 과정에서 김경숙이라는 여성노동자가 목숨을 잃었던 사건이다. YH 여성노동자들의 투쟁은 박정희 정권의 파멸을 알리는 전주곡으로 여겨지며, 우리나라 노동운동사 · 정치운동사에서 매우 중요한 사건이다.

표영삼이 뛰어난 노동운동가였다는 것은, 민주노동당 국회의원이기도 했던 최순영 씨가 잘 증언하고 있다. 1975년 YH 노조 결성 때 지부장이었던 최순영 씨는 노조가 결성되자 즉시 해고되었다. 해고된 그에게 회사는 공장을 차려준다거나 결혼자금을 대주겠다며 지부장을 그만두라고 회유하지만, 최순영 지부장은 섬유노조로 출근하며 노동조합 활동을 하나씩 배우기 시작했다.

"섬유노조에는 회사와 적당한 선에서 타협하라는 간부도 있었지만, 뜻있는 일꾼도 있었다. 특히 표응삼(應三=映三; 인용자) 교선부장은 원풍모방 박순희 부지부장과 동일방직, 반도상사 노조 활동가들을 소개시켜 주었고, 일요일마다 산에 오르면서 노조가 가야 할 길이나

회의 진행법 등을 꼼꼼히 가르쳐 주었다. 또한 크리스찬 아카데미와
도 연결시켜 주었고, 여기서의 교육으로 노동운동의 필요성을 조금
씩 깨닫게 되었다.(『노동사회』 2002년 2월호)"

최순영 전 의원이 소개하는 '뜻있는 일꾼, 표응삼 교선부장'이 삼암
표영삼 선도사이다. 표영삼의 본래 이름이 '응삼'이었다. 표영삼은 표
응삼이란 이름으로 「69년 면방임금인상쟁의개요」, 「이상적인 지도자
상: 노동조합과 지도자」 등 노동운동 관련 논문이나 책을 출판한 뛰
어난 노동운동 이론가이기도 하였다.

1986년경 서울 경운동 수운회관 길 건너 중국집에서 삼암 표영삼
선도사와 식사를 한 적이 있다. 당시 노동운동이 화제가 되었는데, 삼
암 선도사는 YH 사건을 이렇게 평가하였다 : "YH 노동자들의 슬로건
이 '배고파서 못 살겠다'였는데, 철저한 경제투쟁이었다. 정치적인 이
슈는 없었다. 그러했기에 가장 강고하게 정치적인 투쟁으로 발전할
수 있었다."

1980년대 중반 당시 노동운동의 과도한 정치 편향에 대한 비판으
로 들리기도 했지만 'YH 사건'에 대한 매우 적절한 평가라고 생각했
었다. 예나 지금이나 노동 현장이나 상급 단체의 활동가들 중에는 출
세주의자나 적당주의자들을 어렵지 않게 볼 수 있다. 그러나 최순영
전의원이 증언하는 표영삼은 출세주의나 적당주의와는 선을 그은 원
칙주의자였고, 철저하게 합리적이었고 성실한 사람이었다.

이러한 표영삼의 삶의 자세는 노동운동을 떠나 동학연구에 매진할 때 더욱 빛을 발한다. 여든을 넘긴 나이에 출판한『동학』1, 2가 표영삼 선도사의 삶을 잘 증언하고 있다.

우리는 어떻게 동학을 사랑해야 할까?

- 박노자의 '내가 동학을 사랑하는 방법'을 읽고

지난해 가을부터 천도교단 밖에서 '동학을 사랑하는 방법'에 대한 논쟁이 계속되고 있다. 『나를 배반한 역사』 등 많은 베스트셀러 단행본을 출간한 것을 비롯해 〈한겨레신문〉, 『당대비평』, 『역사비평』, 〈한겨레21〉 등 여러 매체에서 동학에 대한 견해를 밝힌 박노자의 글을 하원호 교수가 비판하면서 논쟁은 시작되었고, 이에 대해 박노자가 반론하고, 다시 하원호의 재반론을 제기하는 식으로 '동학을 사랑하는 방법'에 대한 다양한 견해가 제시되고 있다.

박노자는 러시아에서 귀화한 이방인이지만, 태생 한국인보다 더 우리 역사에 정통해 있고 한글로 쓴 그의 글은 유려하기 짝이 없다. 더 중요한 사실은 우리 사회에 대한 성역 없는 비판과 신선한 발상이다. 박노자는 『당신들의 대한민국』, 『좌우는 있어도 위아래는 없다』, 『하얀 가면의 제국』 등의 책을 통해 우리 사회와 역사를 재해석하고 신선한 충격을 던진 바 있다.

박노자의 글에서 우리가 배울 수 있는 것은 전체주의에 대한 비판과 사회적 소수에 대한 깊은 애정이다. 우리에게는 당연해 보이는 것이라 누구도 쉽게 문제 제기조차 못하지만, 그는 적나라하게 문제를 지적해 낸다. 양심적 병역 거부자를 옹호하고, 불교 승려들의 군입대를 파계라고 단정하며, 대학에서 조교들을 착취하는 교수 사회의 비리를 까발리고, 민족주의라는 듣기 좋은 말은 실상은 강제된 국가주의의 껍데기에 불과하다는 사실을 우리에게 깨우친다. 『당신들의 대한민국』에 실린 몽골 출신의 외국인 노동자 '바트자갈'에 대한 애정어린 박노자의 글은 우리 사회가 무엇을 반성해야 하는지, 얼마나 우리나라가 야만의 사회인지에 대한 뼈아픈 지적이었고, 이 글은 한때 나의 가슴을 서늘하게 하였다.

'동학농민'은 과연 근대적이었나?

박노자는 앞서 말한 여러 글에서 동학이 심하게 왜곡되었음을 밝히고 지금까지 국사 교과서를 통해서 '반봉건, 반제국주의, 근대지향적 민족운동'으로 규정되었던 동학을 다시 보아야 한다고 주장한다. 동학에 대한 우리의 의식을 보면, 박정희·전두환 시대 교과서의 '애국·애족·근대적 동학혁명'과 1960~80년대 민중적 지식인들이 그린 '민중적 혁명으로서의 동학'이 혼재돼 있다는 것이다.

많은 사람들은 동학혁명의 지향을 반외세, 반봉건으로 해석한다.

교과서에도 그렇게 나온다. 그러나 실제로는 그렇지 않았다고 박노자는 해석한다. 동학농민군 지도자의 이념에는 조선왕조에 대한 충성심이 깃들어 있었다는 것이다. 전봉준의 직접적인 적은 당시 정치 실세였던 민씨 일가였고, 그런 기조에서 대원군과 의기투합하는 면도 있었다고 본다.

전봉준은 대원군과의 밀지에 따라 청국과 손을 잡고 일본군을 몰아내려고 했는데, 전봉준이 대원군을 따른다는 것부터가 '반봉건'과는 맞지 않고, 실제로 동학은 왕과 신하의 관계를 비롯한 '인륜'을 되살리는 것을 주요한 주장으로 삼기까지 했으며, 청과 손을 잡고 일본을 몰아내려고 한 것에서도 일말의 '중화사상'이 엿보이고, 이 과정에서 반제국주의나 조선의 자주권과 관련한 주장들을 찾아보기 힘들다고 박노자는 말한다.

그런데 동학과 '민족, 국민, 근대' 등의 상징들을 남한에서 처음으로 연결시킨 집권자는 다름 아닌 박정희였다. '근대'라는 말을 들어본 적도 없었던 동학농민군들의 운동을 민중의 근대화 지향으로 그렸던 것이다. 박정희의 계산은 단순했다.

일본의 황국사관을 내면화한 그에게 전통적 유교와 조선왕조는 '문약(文弱), 무능, 붕당 정치'의 상징이었으며, '무능한 문신(文臣)'들을 뒤엎으려는 정치적 세력들은 '선(善)'이었다. 자신의 쿠데타와 비슷한 방식을 택하고 일본과 손잡은 갑신정변의 주도 세력들에게 가장 호감이 갔지만, 본인과 5·16 군사혁명의 동지 대다수가 농민 출신이라는 점에서 동학과도 동질성을 느낄 수 있었다는 것이다.

동학농민들이 그리 근대적이지 못했다는 박노자의 문제 제기에 대해 반론에 나선 하원호는, 기본적으로 농민의 보수성, 즉 토지에 묶여 있는 농민의 성격상 지역적이고 분산적이었으며 동학혁명 과정에서 부분적으로 이는 극복이 되기는 하지만 여전히 한계가 있었음을 인정하고 있다. 그리고 농민의 한계를 생각하지 않은 농민의 변혁 역량에 대한 지나친 평가는 문제가 많았지만, 현재의 역사학계의 연구는 동학혁명 이전의 토지 문제에 대한 수많은 자료 등을 바탕으로 그 한계를 극복하려고 노력하는 중임을 밝히고 있다.

그런데 정작 나는 동학농민이 '근대적이었다' '아니다' 하는 논쟁보다는 왜 박정희가 동학을 '사랑'하게 되었는지를 밝히는 부분에 더 관심이 갔다. 박정희에 대한 논의는 천도교인 사이에서도 없는 것은 아니지만, 아직 공론화된 적은 없다.

다카키 마사오(高木正雄)라는 이름으로 일본군 장교를 지내고, 한때 사회주의에 빠져 있다가 남로당 동지들을 밀고하고 살아남아, 쿠데타를 통해 끝내 대통령 자리까지 오른 박정희는, 소위 '조국 근대화'를 기치로 내걸면서 자신의 정치적 행보를 정당화했다. 박정희는 동학 운동을 근대지향 운동으로 규정함으로써, 진정한 영웅 전봉준의 후광을 입으려는 의도를 관철시키고, 더불어 자신의 친일 행적을 묻어

버렸다고 박노자는 지적하고 있다.

그리하여 1920~30년대의 극소수의 지식인만 썼던 '동학혁명'이라는 용어는 바로 박정희 집권기에 보편화되었으며, 그 이후 동학의 '국민 생활 근대화 의지'를 기리는 황토재, 우금치의 기념탑들도 차례로 세워졌다고 한다. 동학농민들이 그리 근대적이지 못했다는 박노자의 문제제기와는 별도로 박정희 정권이 의도적으로 정략적으로 동학을 이용하면서 천도교에 끼친 영향을 다시 평가해 볼 필요가 있다.

특히 박정희 정권 때 이루어졌던 수운회관 건립 등 천도교의 외형적 성장을 결코 바람직한 것으로만 볼 수는 없다고 나는 생각하고 있다. 동학은 접이나 포라는 철저히 자발적이고 자생적인 조직을 통해 힘을 키워 왔고, 이는 천도교가 동학의 진정한 계승자라면 반드시 지켜야 할 원칙 중의 하나이기 때문이다.

일제하 천도교단의 현실 순응적 모습

박노자의 글에서 또 주의 깊게 보았던 부분은 박헌영이나 전석담 등 사회주의자들이 동학이 '혁명당'이 아닌 '종교단체'였음을 상기시키고 동학 지도부의 '종교적 미신과 봉건성'을 지적한 것을 주목한 부분으로, 이러한 주장은 요즘의 보수적 역사학자들의 주장과 그리 다르지 않았다고 한 부분이다.

박헌영 등 사회주의자들이 동학농민들의 진보성·혁명성을 의심하게 된 이유 중 하나를 박노자는 다음과 같이 지적하고 있다.

"1920~1930년대의 주요 사회 세력 중의 하나로 꼽혔던 천도교 교단의 현실 순응적인 모습을 자신의 눈으로 본 사람이라면 동학 지도부의 혁명성을 쉽게 믿기가 힘들었을 것이다."

많은 천도교인들은 아마도 박노자의 이러한 지적에 동의하지 않을 것이다. 이는 주로 신파·구파의 싸움과 관련된 부분으로 최린 등 특정 개인의 친일 문제를 거론하지 않으면 안 되기 때문이다. 그러나 최근 민족문제연구소 등에서 '친일인명사전' 발간을 위한 모금에 수억의 돈이 단시일에 모금되었고, 2004년 국회에서 '친일규명법'이 누더기 상태이기는 하지만 통과되는 등 해방된 지 반세기가 훨씬 지났음에도 '친일파' 문제는 여전히 우리 사회의 관심거리이다.

1920년대 최린을 중심으로 전개된 '자치운동'이 어떻게 친일로 귀결되었는 지에 대한 교단 내의 논의는 전무하지만, 교단 밖에서는 많은 논의가 있었고 친일의 구체적 경로가 밝혀지고 있다. 천도교의 역사에 반드시 자랑스러운 것만 기록할 필요는 없다. 한 개인이 완전무결하지 못하듯, 개인이 어우러져 만든 조직체는 더더욱 많은 오류를 범할 수밖에 없다. 문제는 그 오류를 은폐하거나 오류를 고치려 하지 않는 데 있다.

친일파 연구의 선구자 임종국은 자기의 저서를 펴내면서, 천도교인이었던 자신의 아버지 이름 석 자를 친일파 명단에서 빠뜨리지 않왔다. 그럼에도 그가 아버지를 욕되게 했다고 여기지 않는다. 오히려 자랑스런 천도교인의 아들로 기록될 것이다.

3·1운동, 6·10만세운동, 어린이운동, 무인멸왜기도, 오심당운동, 박인진 도정의 항일무장투쟁 등 일제하 천도교의 자랑스런 역사는 헤아릴 수 없다. 천도교가 최린의 친일 행적을 스스로 고백하지 않고 친일이 아니었다고 강변한다면 자랑스런 항일의 역사마저도 그 빛은 점차 바랠 것이다.

민중사학의 문제점

1960~1980년대의 민중 지식인들은 박정희, 전두환에 반대하면서 동학의 저항적 측면을 부각시켰는데, 이 또한 동학의 본 모습과는 다른 것이라고 박노자는 주장한다. 먼저 그는 민중사학의 공로, 즉 배워야 할 것을 다음과 같이 정리했다.

"동학혁명 과정에서 분출된 농민들의 누적된 원한과 불만, 그 원한의 주요 원인이었던 국내 관료 체제의 파국과 외국 자본주의 침탈 등에 연구의 초점을 맞춘 것이나, 동학사상의 탈계급적 지향, 동학혁명 과정에서의 일련의 사회적 변화에 주의를 기울여 대중 에너지의 반란적 분출의 여러 가지 긍정적 측면들을 강조한 것은 분명 민중파 사학의 공로다."

그러나 일각의 '민중파' 사학의 문제는 이미 서구화된 오늘의 우리들의 '혁명'의식에 맞추어 100년 전의 동학의 모습을 인위적으로 뜯어고친 것은 문제라고 그는 지적하고 있다. 자료적 근거조차 미약한 동학의 '토지 분작 요구' 등을 무리하게 강조하여 동학을 마치 공산혁명 사상/운동과 같은 존재로 묘사하는 것은, 결국 민중사학에 의한 동학의 '혁명화'가 서구적인 근대 '혁명'을 기준으로 한 만큼 '서구중심주의'라는 비난을 면하기 힘들다고 박노자는 민중사학의 문제점을 비판하고 있다.

동학의 '혁명화'를 위해, 해월 선생마저 일본군과 내통하고 있었다고 주장하는 글이 동학혁명 100주년 전후에 발표된 것으로 나는 기억하고 있다. 일부 학자들은 시천교 측의 자료에 근거하여 남접의 동학군들이 목숨 걸고 싸우는 와중에 해월을 비롯한 지도부는 일본군에 편지를 보내는 등 밀통하고 있었다는 주장이었는데, 이런 주장에 문제는 있다고는 느꼈지만 당시에는 심각하게 받아들이지 못했다. 박노자의 '동학 사랑법'을 읽으면서 당시의 우둔함을 늦게나마 반성하게 되었다.

있는 그대로의 모습을 사랑하자

동학이 그리 근대적이지도 못하고 보수적, 아니 여전히 봉건적이었고 따라서 그 혁명성도 문제가 된다면 우리는 무엇으로 동학을 사랑할 것인가? 박노자가 제시하는 '동학에 대한 애정을 갖는 방법'은 무엇인가? 동학을 있었던 그대로 귀중히 여기고 사랑하는 것으로 충분하다고 그는 말한다.

관변학자들은 동학의 근대성을 찾는 데 열을 올렸고, 반체제적 성향의 민족주의적 지식인들은 동학의 반침략·반봉건적 면을 열성적으로 강조했다. 민중 지식인에게는 동학이 박정희식의 외자 의존적·폭력적 근대화에 저항하는 민중정신을 뜻했고, 피지배층의 저항이라면 그것이 무조건 진보적인 것이며 역사 발전의 원동력이 된다는 식으로 역사를 현재의 필요에 맞게 짜깁기했다.

"우리의 근대 지향·반봉건 같은 척도로 재단하지 말고, 있었던 그대로 존중하자. 그들의 봉기가 조선의 근대화에, 자본주의 이식에 크게 기여하지 않았다 해도, 그들의 변혁 에너지가 후대의 개혁가나 혁명가들에게 영감의 원천이 된 것만으로도 충분하지 않은가?"

박노자는 동학농민이 근대적이지 못했고 여전히 보수적이었다 하더라도, 이들 농민들의 운동에 의구심을 갖고 종교적 미신 등으로 농민들을 치부하는 것은 커다란 잘못이라고 지적한다. '후천개벽과 같은 종교적 이데올로기가 19세기 말에서 20세기 전반의 과학적 사회주의와 맞지 않았다고 해서 왜 꼭 폄하되어야 하는가?'라고 반문하며 오히려 정통 좌파들의 멸시적인 종교관이야말로 우리가 고치지 않으면 안 될 점이라고 반박한다.

유교의 오륜과 불교의 자비, 도교의 수련 방법들을 토착적으로 집대성시킨 그들이 폭넓은 종교에 대한 이해, 접조직에서의 평등지향, 민중적으로 미화되지 않아도 평등의 전도사 최제우·최시형, 반부패 항일 의거 지도자 전봉준 같은 영웅들은 우리에게 충분히 많은 영감을 준다. 양반의 갓을 빼앗아 쓰고 다니고, 아이들까지도 '접장'으로 존대했던 동학농민들이 서구적 '근대'를 지향하지 않았더라도 그들의 심성과 행동을 충분히 배울 수 있지 않는가. 있는 그대로의 모습이 가장 아름답다고 박노자는 힘주어 말한다.

우리가 동학을 사랑하는 방법

천도교는 동학의 정통 계승자로 자처한다. 수운 선생의 뜻을 온전히 계승하고 있다고 자부한다. 누가 동학을 좋게 높게 평가하면 왠지 흐뭇해지고, 동학을 비판하거나 깎아내리기라도 하면 속상해 하고 분개하는 것은 아마 천도교인들의 공통된 행태이리라. 박노자의 글은 우리를 싫지 않게 하면서도 많은 것을 되돌아보게 한다. 그가 제시하는 동학을 사랑하는 방법은 우리에게 많은 점을 시사한다. 그러나 '있는 그대로의 동학을 사랑하자'는 그의 주장에 공감하면서도, 막상 있는 그대로의 동학이 무엇인지 나는 스스로 되묻지 않을 수 없다.

동학을 주로 '혁명'이나 '근대화'라는 관점에서 배워 왔고, 천도교 스스로도 그렇게 교화해 오지 않았나 싶다. 교단의 역사도 주로 동학혁명, 3·1운동 등 운동사적 측면만 강조되었고, 박노자가 사랑하자고

한 것— '있는 그대로의 모습' 중 유불선을 '집대성한 폭넓은 종교에 대한 이해'는 그냥 형식 치레가 아니었나 싶다.

수련에 대한 강조도 의례적인 것으로 들렸고, 실제로 교인들이 수도원을 찾는 정도나 수련에 대한 이해의 정도, 특히 수련을 강조함에도 막상 수도원에 대한 교단적 차원에서의 재정적·인적 지원은 항상 후순위로 밀리는 듯했다. 천도교가 종교라는 틀 속에 있으니 '수련'을 아니할 수는 없고, 때맞춰 다가오는 제사 지내듯 하나의 요식행위로 치부한다는 느낌을 받은 적이 많다.

천도교의 역사가 그러하고 교정일치라는 교리 때문인지 정치 사회 등에 대한 교단의 관심은 지대하지만 실제적 현실 참여의 측면에서는 아무런 움직임조차, 준비마저도 느낄 수 없다. 동학이 가지는 역동성에도 불구하고 오늘날 천도교의 현실은 너무도 보수 지향적이라는 느낌, 현실과 이상의 괴리가 너무 심하다는 인상은 나 개인의 느낌만은 아닐 것이다.

'있는 그대의 모습을 사랑하자'는 박노자의 주장은 참으로 의미심장하다. 그러나 지금의 천도교 현실에서는 동학을 한 발짝 앞으로 전진시키는 것은 거의 불가능하지 않은가? 아니 있는 그대로의 모습을 사랑하는 것마저 너무 힘든 것은 아닌가? 동학이 이루었던, 걸어왔던 걸음걸음을 뒤따르는 것조차 버거운 일이 아닌가? '동학하는 사람'들이 가졌던 열렬한 구도정신을 우리는 얼마나 가지고 있는가? 동학농

민들이 가졌던 개혁과 변화에 대한 열정이 우리에게 눈꼽만큼이라도
있기는 한 것인지 의심하고 의심하면서 무능함과 나태함을 질책하며
스스로에게 물어본다.

"나는 어떻게 동학을 사랑해야 할까?" (『신인간』, 2004.5월호)

동학은 어디서부터 왔는가?

동학은 유·불·선, 이 셋을 하나로 만들어 장점은 취하고 폐단이 되는 것은 버린 것이라고도 한다. 또한 동학에는 민간을 중심으로 널리 유행하던 무속(巫俗)은 물론 『정감록』 같은 비기도참(秘記圖讖) 사상도 녹아 있다고 한다. 수운 선생은 자신이 깨달은 도를 지금도 없었고 전에도 없었으며[今不聞古不聞] 어디에도 비교할 수 없는[今不比古不比] 무극대도라 자부하였지만, 어떤 이들은 동학은 유·불·선, 무속 등 온갖 종교 신앙을 끌어다놓은 것이라고 얕잡아 말하기도 하였다.

　여기서 동학의 원류가 무엇인지, 어디에서 어떻게 유래되었는지 살펴볼 필요가 있겠다. 먼저 동학을 '반란의 집단'이라고 곡해하거나, 서학에서 동학이 유래되었다는 오해에 대해 살펴보고, 동학과 선도(仙道), 성리학 등과의 관계를 알아본다.

칼노래와 '천주(天主)'

조선의 백성들이 동학에 열렬히 호응하자 조정은 동학을 불법으로 규정하고 탄압할 빌미를 찾기 시작한다. 조정이 제일 먼저 주목한 것은 칼노래, '검결'과 칼춤, 검무였다. 동학도들을 밤마다 칼노래를 부르며 칼춤을 추는 집단으로, 무장봉기를 도모하는 무리로 몰았다. 사실 수운 선생에게는 지식인의 면모도 있지만 그의 집안의 전통에는 무인의 풍모도 있었다. 수운 선생의 7대조 최진립(崔震立, 1568~1636)은 임진왜란과 정유재란 때 왜놈들을 상대하여 공을 세우고, 병자호란 때도 참전하여 용인 땅에서 전사한 장군으로, 수운 선생은 집안의 이러한 전통을 자랑스럽게 생각하고 있었다. 이러한 영향으로 수운 선생은 칼노래 '검결'을 지어 틈틈이 칼춤으로 수련을 하기도 하였다. 수운 선생이 지은 칼노래(검결)의 전문은 이렇다.

"시호시호 이내시호 부재래지 시호로다

만세일지 장부로서 오만년지 시호로다

용천검 드는칼을 아니쓰고 무엇하리

무수장삼 떨쳐입고 이칼저칼 넌즛들어

호호망망 넓은천지 일신으로 비껴서서

칼노래 한곡조를 시호시호 불러내니

용천검 날랜칼은 일월을 희롱하고

게으른 무수장삼 우주에 덮여있네

만고명장 어디있나 장부당전 무장사라

좋을시고 좋을시고 이내신명 좋을시고."

어떤 이는 짧은 검결 속에는 "혁명의 의지가 요약되어 있을 뿐만 아니라 시대의 운명과 흥망을 가를 정기가 숨어 있다."고 평가한다. 그래서일까, 조선의 조정은 동학을 반란을 획책하는 집단으로 보았고 그 구체적인 증거로 칼노래를 지목하여 칼노래를 창작하고 이를 제자들에게까지 가르친 수운 선생을 참형한다. 이러한 영향 때문인지 칼노래나 칼춤을 통한 동학의 수련 전통은 맥이 끊어지고 금기시된 측면도 있다. 2000년대 들어 동학의 칼춤이 '용담검무'라는 이름으로 재현이 시도되고 있는 것은 그나마 다행한 일이라 하겠다.

한편 조정에서는 동학의 주문에 들어 있는 '천주(天主)'라는 용어에 주목하여 동학을 서학, 즉 천주학으로 몰아 탄압하기도 한다. 이런 사정은 『용담유사』에도 잘 나와 있다.

"요약한 고 인물이 할 말이 바이 없어 서학이라 이름하고 온 동네 외는 말이 사망년 저 인물이 서학에나 싸잡힐까. 그 모르는 세상사람 그거로사 말이라고 추겨들고 하는 말이 용담에는 명인 나서 범도 되고 용도 되고 서학에는 용터라고, 종종걸음 치는 말을 역력히 못할러라.(「안심가」)"

동학 창도 25년째 되는 해, 1884년이었다. 그해는 김옥균이 갑신정변을 일으켜 세상이 혼란해지면서 많은 사람들이 자진해서 동학에 입도하였고, 동학은 영남과 강원도 산간 지역에서 벗어나 충청도와 호남 지역으로 조직이 확대되고 있었다. 해월 선생은 이러한 상황에 대응하여 육임제(六任制)로 조직의 재편을 구상하고 있었다. 이러한 시기에 해월 선생은 '시천주'로 시작되는 주문이 여전히 서학으로 오해받자, '천주'라는 글자를 빼고 새롭게 주문을 만든다.

"봉사상제일편심조화정만사지(奉事上帝一片心造化定萬事知)"

이처럼 '천주' 대신 '상제'를 넣은 새로운 주문을 사용하였지만 동학을 서학의 한 부류로 몰아붙이는 시각은 여전하였다. 당시 조선 정부는 정작 서학은 묵인하면서 동학을 서학으로 몰아 탄압하는 요상한 짓거리를 하고 있었다. 즉 개항 이후 조선은 구미 열강들과의 조약을 체결하면서 서학(천주교)은 1882년부터 서울과 지방에 학교를 세우고 고아원·양로원 등 사회복지시설도 설치하였고, 서울 명동에는 성당을 세우기도 하던 때였다.

성미와 새벽기도

동학을 서학에서 비롯된 것이라고 보는 오해는 조선 정부가 동학을 탄압하기 위해 의도적으로 동학을 서학으로 몰아붙인 것에서 비롯된 것이기도 하지만, 수운 선생의 서학에 대한 인식에서 비롯된 측면도 있다. 수운은 동학과 서학의 차이를 해명하면서 "동학과 서학은 같은 시대의 운을 타고 났고, 도의 측면에서는 동일하다[運則一也 道則同也]." 고 설명하면서 "(다만) 그 이치는 서로 다르다[理則非也, 論學文]."고 하였다. 이를 어느 목사님은 이렇게 설명한다.

"동학과 개신교는 신앙 양태 면에서 많은 유사점을 보였다. 특히 새벽기도나 성미는 직접적으로 영향을 주고받았다고 할 수 있을 만큼 유사성을 보인다. 양쪽이 모두 민중을 지향하고, 토착적인 신앙을 중시하는 형태를 보이는 면에서도 공감대를 형성하고 있다. 양자의 토착적인 신앙에서 대표적인 것이 성미(誠米; 기독교는 聖米 - 인용자 주)와 새벽기도이다. 성미는 동학에서 먼저 시작하여 개신교가 받아들인 토착적인 요소라고 볼 수 있고, 새벽기도는 개신교에서 시작한 토착적인 요소를 동학이 도입한 것이라고 할 수 있다.(황기수, 『기독교사상』, 2014.3)"

성미는 동학에서 아침저녁으로 밥쌀에서 한 사람당 한 숟갈씩 떼서 모아 두었다가 매월 말에 교회에 내는 것을 말한다. 매월 내는 월성(月誠)과 1년에 두 번 내는 연성(年誠)이 있다. 성미는 의암 선생이 동학을 천도교로 개명한 이후 이용구 일파가 시천교로 떨어져 나가면서 악화된 재정 구조를 회복하기 위하여 제도화한 것이다. 천도교는 성미로 인해 재정의 궁핍을 극복할 수 있었고 이를 기반으로 3·1운동을 준비하기도 했다. 동학의 성미제도를 한국의 개신교에서 1912년경 도입하였다고 한다.

새벽기도는 개신교에서 1903년 원산부흥운동을 계기로 시작된 것이지만, 새벽기도가 개신교의 독창적인 작품은 아니라고 한다. 새벽기도회를 도입한 길선주 목사는 개신교로 개종하기 전부터 새벽 미명에 정화수 기도로 오랜 수련생활을 해 새벽기도가 습관처럼 몸에 배어 있었다. 새벽기도를 길선주가 개신교의 신앙으로 승화시켰고, 개신교에 의해 먼저 행해졌으며, 동학이 그 영향을 받아 제도화했다고 설명한다. 이러한 설명의 사실 여부를 떠나 동학과 서학은 그 신앙적인 형태, 즉 도(道)의 측면에서 살펴보면 서로 닮았다고 할 것이다.

연담 이운규

한편 동학이 주로 선도(仙道)에서 비롯되었다고 보는 재미난 시각도 있다. 연담 이운규(蓮潭 李雲圭, 1804~?)를 수운의 스승이라 주장하는 견해가 그것이다. 『정역연구』라는 책에는 이런 구절이 있다.

"이운규는 유도불 삼교의 교통(敎統)을 함께 받아 김일부(金一夫)는 유(儒), 김광화(金光華)는 불(佛), 최수운(崔水雲)은 선(仙)의 측면에서 도를 발전하게 하라고 부탁했다. 최제우에게는 선도(仙道)를 계승할 자라 하여 '시천주조화정(侍天主造化定)'이라는 주문을 주어 열심히 독송하여 심신을 연마하라 했고, 김광화에게는 불교를 계승할 자라 하여 '남문을 열고 바라를 치니 계명산천(鷄鳴山川)이 밝아온다.'라는 주문을 주었다. 또 김일부에게는 '영동천심월(影動天心月)'의 시를 주고는 표홀히 사라져 전라도 무주 용담(龍潭)으로 갔다."

이 책에 의하면 이윤규의 가르침에 따라 나중에 김광화는 남학(南學)을 세웠고, 김일부는 『정역(正易)』의 체계를 만들어 내었고, 최수운은 동학을 일으켰다고 한다. 수운 선생이 이운규로부터 선도(仙道)를 배워 동학을 세웠다는 주장은 수운 자신이 남긴 기록이나 동학교단과 천도교단의 어느 기록에서도 전혀 찾아볼 수 없다. 다만 동학이 선도를 계승했다는 견해는 신중히 검토해 볼 필요가 있다. 우선 동학에서 주문을 지성으로 외는 것을 가장 중요한 수련 과목으로 하는 점이나, 수련의 결과물이라 할 '영부'를 불에 태워 물에 타 마시고 이를 병을 고치는 방편으로 삼는 것 등은 선도의 영향이라 볼 수 있다.

또 하나 살펴볼 것은 수운 선생이 20세 이후 거의 20년 가까이 세상을 떠돌지만 그 행적은 상세히 알려져 있지 않다는 것이다. 수운 선생이 경신년(1860)에 득도한 후 이듬해부터 포덕을 시작하여 곧장 동학이 영남 일대에 널리 퍼지고 관에서는 수운 선생을 지목하기 시작한다. 수운 선생은 관의 지목을 피해 전라도 남원으로 피신하여 남원 외곽 교룡산성 내 한 암자에서 동학의 주요 경전을 집필하고, 호남 지역의 여러 곳을 다니며 포덕에 종사한다. 어떻게 해서 수운 선생이 남원을 근거지로 하여 호남 지역에 포덕을 했는지를 밝히는 것은 동학의 역사를 좀더 풍부하게 할 수 있을 것이다. 여기서는 다만 앞에서 언급한 이운규와 관련된 주장을 근거로 짐작하고 추측할 뿐이다.

전북 지역의 무주, 진안, 완주 등은 수운의 스승이라 알려지고 있는 이운규와 남학의 김광화와 관련이 깊은 곳으로, 이 지역은 수운 선생의 득도 이전 어떤 형태로든 교류가 있었다고 짐작할 수 있겠다. 남학은 동학(東學)의 발생과 때를 같이하고 교리가 거의 같으면서도 방법이 조금 달랐다고 한다. 동학과 대비된다는 점에서 남학(南學)이라고 불리게 되었다고 한다. 또한 남학의 일부 교단에서는 동학혁명에 동참하여 '남학의거운동'을 시도하다가 실패한 일까지 있다고 하니 이러한 사실은 앞으로 좀더 깊이 있게 연구할 필요가 있다 하겠다.

수운의 부친이자 스승, 근암 최옥

수운 선생이 직접 지은 『동경대전』이나 『용담유사』에는 수운과 한울님(天主, 上帝)과의 대화 장면이 생생하게 그려져 있다. 수운 선생은 한울님 체험, 즉 신내림, 계시를 통해 무극대도의 진리를 확신하고 널리 포덕에 나선다. 이러한 독창적 가르침은 어디에서 비롯된 것일까? 수운 선생의 스승은 누구일까? 동학의 기록에 따르면 수운 선생의 스승으로는 수운의 부친 근암공(近庵 崔鋈, 1762~1840) 밖에 없다. 근암공은 퇴계 학맥을 이은 뛰어난 학자였다. 수운 선생은 부친 근암공에 대해 이렇게 말한다.

"우리 아버지가 이 세상에 태어나서 그 이름이 경상도 일대를 뒤덮었다. 이곳 사람 치고 우리 아버지를 모르는 사람은 없었다."*

도올 김용옥은 수운의 이 말씀을 이렇게 평한다 : "과장된 표현같이 보이지만 『근암집』을 깊게 상고해 보면 이러한 수운의 자만감은 결코 무근거한 것이 아니다. 근암공은 확실한 학통을 가지고 있는 대유(大儒)임에 틀림없었으며 그 학통은 영남유림의 대간(大幹)이었으며 퇴도(退陶)의 정맥(正脈)이었다.(페이스북, 「도올의 교육입국론」)"

영남의 큰 학자였던 근암공은 "여덟 살부터 열다섯까지 공부시켜 보면 재간이 있는지 없는지 성공할지 못할지를 알게 된다. 머리가 둔하여 잘될 가망이 없으면 그때 가서 농사일을 배우게 해도 늦지 않다."며 열다섯 전에는 마소 먹이거나 물대기조차 못하도록 스스로 정한 가내 교육의 원칙에 따라 만득자인 수운을 가르쳤다. 수운은 부친의 기대를 저버리지 않았다. 수운은 「몽중노소문답가」에서 '팔세에 입학해서 허다한 만권시서 무불통지 하여 내니 생이지지 방불하다 십세를 지내나니 총명은 사광이요 지국이 비범하고 재기 과인'하다고 스스로를 자평하기도 하였다.

이러한 의문은 가능하지 않을까? 근암공이 추구했던 도학이 '동학의 원류'가 될 가능성은 없는가? 근암공의 문집 『근암집』(2005)을 번역한 고 최동희 교수는 이러한 의문에 대한 단서를 『근암집』 서문에서

---

* 『동경대전』 「수덕문」, "家君出世, 名盡一道, 無不士林之共知"

제시하였다. 최동희는『근암집』을 옮기면서 그 구석구석에 '하늘의 믿음'을 엿보고 엿들을 수 있었고, 그 굽이굽이에서 하늘을 향한 하소연·외침·부르짖음도 들리는 듯했다고 하면서 동학과 퇴계학이 깊은 연관이 있음을 시사하고 있다.

"근암은 '이(理)도 기(氣)도 그 나름으로 작용한다.'는 곧 '이(理, 절대자 곧 하늘)는 다스리고 기(氣)는 생성한다.'는 퇴계의 학설을 높이 받들었다. 그런데 근암은 어떤 영감을 받은 듯이 '이와 기가 하나라는 것은 주자의 말이고, 이와 기가 둘이라는 것도 주자의 뜻이다. 그러므로 두 방향을 남겨 두어 뒷날의 군자를 기다려야 한다.'고 말했다. 율곡학파와는 달리 '이만이 작용한다'는, 곧 모든 것을 하늘이 다스린다고 주장하는 덕 높은 사람을 기다려 보자는 뜻이 아닐까? 은근히 조선 말기의 위기를 의식하고 있었던 근암이 어떤 학파의 논의도 뛰어넘어 하늘(太極)만을 받드는 선각자를 기다리는 것이 아닐까? 어쩌면 '하느님만 전혀 믿으라!'고 가르치는 종교가(宗敎家)가 나타날지도 모른다고 예감한 것이 아닐까? 나는 우리말로 옮겨진 이『근암집』을 통해 '하느님만 믿어라!'라고 가르치는 동학과 '태극을 하느님으로 받들라!'라고 가르치는 퇴계의 영남학파가 어떻게 이어지는지 밝혀지기를 바란다. 그리고 더 올라가 우리 겨레의 저 '하늘의 제사(祭天)'와 어떻게 이어질 수 있는지 가늠할 수 있기를 바란다."

동학이 어떤 형태로든 퇴계학의 정수를 이어받았다는 것은 틀림없는 사실일 게다. 그렇다 하여 수운 선생이 '유교의 테를 벗어나지 못했다'거나 '유교식으로 천도를 가르쳤다'고 해서는 안 될 일이다. 유교나 퇴계학이 거대한 양수(陽樹)라면 동학은 여전히 움트고 있는 음수(陰樹)라고 해야 할 것이다.

화악산 수도원 계곡 잣나무 숲, 그 그늘 아래 서 보라

"목장패(木長覇) 인장덕(人長德)!"

오래전 친구의 부친이 들려 주신 말씀이다. 나무가 자라 거목이 되면 그 그늘에 다른 나무가 제대로 크지 못하지만, 사람은 그렇지 않다는 뜻이다. 어느 해인가 화악산수도원 위쪽 계곡, 하늘 찌를 듯한 잣나무 숲에서 언뜻 이 말씀이 떠올랐다. 잣나무 그늘 아래 소복이 쌓인 검불더미는 잣나무의 좋은 거름이 될지언정, 다른 나무의 성장을 용납할 것 같지 않았다. 목장패(木長覇)를 실감할 수 있었다. 한데, 짙은 그늘 속에서도 자라나는 나무들이 있다. 음수(陰樹)다.

예전에 배운 숲 생태학의 지식은 이러하다. 인간이 손 하나 대지 않고 그대로 보존하여도 숲은 변한다. 소나무처럼 자라는데 많은 빛을 필요로 하는 나무, 즉 양수(陽樹)가 먼저 숲을 형성하고, 그 밑에서 올라오는 그늘에서도 잘 견디는 음수와 경쟁한다. 이로 인하여 빛의 양이 줄면 소나무는 더 이상 살아갈 수 없으므로 점차 산꼭대기로 쫓겨 나중에는 사라진다. 결국 음수가 숲을 모두 차지하게 되고, 숲은 성숙해지고 안정된다. 이를 극상이라 한다. 높은 산에서 흔히 만나는 참나무 숲은 대표적인 음수 숲이다. 아무것도 없는 자갈밭이 풀밭이 되고, 또 작은 나무들이 자라나고, 가장 성숙된 음수림이 되기까지는 자그마치 천 년이 걸린다고 한다. 목장패(木長覇)의 현상만 보면 양수림이 천 년이고 만 년이고 지속될 듯하지만 그렇지 않은 것이 자연이고 순리라는 것이다.

하늘을 찌를 듯한 나무 그늘 아래에서도 주눅 들지 않고 자라나는 음수! 이것이 수운 선생이 남기신 동학이리라. 수운의 부친 근암공은 2백 년 전인 1815년, 경주 용담계곡에 집을 짓고 책을 읽으며 숨어서 수양할 계획을 세운다. 이때부터 근암공은 벼슬할 뜻을 접고 '참된 자기를 위한 학문(爲己之學, 곧 퇴계의 성리학)'을 추구한다. 이러한 근암공의 삶과 학문이 아드님인 수운 선생에게 이어진 것은 분명한 사실이지만, 수운은 퇴계의 그늘 아래 안주할 수 없었다. 수운 선생이 퇴계학의 그늘 아래 안주했으면 그 삶은 평안했을 터이고 자질로 보건대 상당한 명성을 쌓았겠지만, 한갓 촌학구에 지나지 않았을 것이다. 동학은 없었을 것이다. 수운 선생은 퇴계라는 큰 숲 그늘에 안주하지 않고 자라난 음수이다. 동학은 유교라는 숲, 퇴계라는 숲을 밀어낼 거목으로 여전히 자라고 있다.

꽃이 되어 바람이 되어
- 이수병과 조용수

4월 9일. 올해(2012년) 이날은 국회의원 선거 열기에 묻혀 조용히 지나 갔다. 그러나 대한민국 현대사에서 1975년 4월 9일은 결코 잊을 수 없 는 날이다. 그 전날, 1975년 4월 8일, 학생운동조직 '민청학련'의 배후 로 지목돼 구속된 이른바 '인혁당 재건위 사건'에 대한 대법원 전원합 의체의 상고심 공판에서 8명 사형, 무기 9명 판결을 내렸다. 사형 판 결을 받은 도예종·여정남·김용원·이수병·하재완·서도원·송 상진·우홍선 8명은 이튿날인 4월 9일 아침에 사형되었다. 이들이 거 의 1년간 구속되어 1심·2심·대법원 판결이 나오고 사형이 집행될 때까지, 유신 정권은 단 한 차례의 가족 면회도 허락하지 않았다. 4월 9일, 이날은 한국 현대정치사에서도 가장 어두웠던 하루, '야만의 날' 이었다.

올해(2012) 서울 서대문형무소 역사관에서는 4·9통일열사 추모제가 열렸다. 이 글의 제목인 '꽃이 되어 바람이 되어'는 4·9통일열사 추모

제의 주제였다. 추모제와 함께 5월 13일까지 인혁당 사건 추모전시회
가 함께 열리기도 하였다.

스위스 제네바에 본부를 둔 국제법학자협회는 1975년 4월 9일, 이
날을 '사법사상 암흑의 날'로 정했고, 1995년 어떤 설문조사에서 현직
판사 315명이 인혁당 재건위 사건 판결을 우리나라 사법사상 가장 수
치스러운 재판으로 꼽기도 하였다.

인혁당 재건위 사건은 지난 2007년 법원의 재심을 통해 무죄 판결
을 받았다. 1975년 4월 9일, 유신 독재권력의 눈치를 보며 법원은 무
고한 8명의 시민에게 사형 판결을 내렸고, 권력은 하루 만에 사법 살
인을 자행하였다. 그로부터 32년이 지난 후에야 법원은 스스로 자신
의 잘못을 인정한 것이다.

4·9사법살인으로 희생당한 분들 중 한 분인 이수병(1936~1975). 그의
고향은 내가 살고 있는 진주에 인접한 의령군 부림면이다. 그 고향 선
산에 이수병의 묘가 있다. 묘 앞에는 '민주주의와 민족통일운동의 선
구자 이수병선생묘'란 비석이 세워져 있다. 이번 4·11 총선기간 중에
지역에 출마한 총선 후보들이 그의 묘를 찾기도 하였다. 진주 지역의
사회단체에서 이수병의 묘를 찾기도 한다.

천도교와 민족자주통일협의회(민자통)

이수병은 4·19혁명 이후 결성된 민족자주통일협의회(민자통) 주최의

'남북학생회담 환영 및 민족자주통일 촉진 궐기대회'에서 학생대표로
활약한다. 민자통은 민주 자주 평화를 통일 3원칙으로 내세운 통일단
체였다. 사회당 혁신당 일부, 사회대중당, 유도회 등의 단체가 주축이
되었고, 위원장은 유림의 김창숙이 맡았다.

천도교에서도 민자통에 참가한 것으로 역사는 기록하고 있다. 주
옥경(1894~1982) 종법사는 이 단체의 부의장을 맡기도 하였다. 수의당
주옥경 종법사는 의암 손병희의 부인으로 28세 때 홀로 되어 죽을 때
까지 수절한 여성운동가이기도 하였다.

민자통은 비록 5·16 군사 쿠데타로 좌절하고 실패하지만, 7·4남북
공동선언, 6·15남북공동선언 등 끊이지 않고 진행되고 있는 자주통
일운동의 원류로 평가받고 있다. 자주통일운동의 원류라 할 민자통에
천도교인들이 참가한 사실은 자랑스러운 일이며 높이 평가할 만한
일임에 분명하다. 천도교의 통일운동의 맥은 요즘 동학민족통일회(동
민회)에서 이어 가고 있다. 특히 청년 동덕들이 새롭게 통일운동에 새
롭게 가담하고 있음은 고무적인 일이다.

통일운동은 청년 학생들이 주축이 되어야 함은 예나 지금이나 마
찬가지다. 4·19혁명 이후 활발하게 진행된 통일운동의 주역은 이수
병을 비롯한 20대 청년들이었고, 〈민족일보〉 사장 조용수(1930~1961) 역
시 30대 초반의 젊은 나이였다. 〈동학민족통일회〉 활동에 열심인 청
년 동덕들에 도움이 되고자 이수병과 조용수의 행적을 덧붙인다.

〈민족일보〉

1961년 5월 13일, 서울운동장에 운집한 수만의 시민들 앞에서 이수병은 학생대표로 아래와 같은 유명한 연설을 하여 운동장을 꽉 매운 청중들을 감동시켰다.

"가자 북으로! 오라 남으로! 만나자 판문점에서! 이 땅이 뉘 땅인데 오도 가도 못하느냐? 배고파서 못 살겠다 통일만이 살길이다."

5·16 쿠데타 후 이수병은 이런 것이 죄가 되어 학생으로서는 최고형인 15년 징역을 선고받고 감형되어 7년간 감옥살이를 한다. 내가 이수병에 주목하는 것은 내가 사는 진주 가까운 의령 사람이고, 또 진주 사람 조용수가 창간한 〈민족일보〉 관련 이력과 통일운동 관련 활동 때문이다.

부산에서 고등학교를 다닌 이수병은 고등학교 시절부터 독서활동을 통해 사회의식을 길렀다. 어린 시절부터 훈련된 탁월한 현실의식을 바탕으로 이수병은 〈민족일보〉의 유일한 공채기자가 되었다. 〈민족일보〉는 진주 출신인 조용수가 4·19 이후 1961년 2월 13일 창간한 신문이다. 〈민족일보〉의 창간 취지는 아래와 같이 간단명료하였다.

민족의 진로를 가리키는 신문,

부정부패를 고발하는 신문,

노동대중의 권익을 옹호하는 신문,

양단된 조국의 비애를 호소하는 신문.

〈민족일보〉는 정치적 평화통일에 앞선 남북협상, 남북의 경제·서신 교류 및 학생회담을 지지하는 등 통일운동에 힘썼다. 이런 〈민족일보〉에 시인 김수영은 열정적으로 통일을 노래하기도 하였다.

남도 북도 없고,
미국도 소련도 아무 두려울 것이 없습디다.
헐벗고 굶주린 사람들이
그처럼 아름다워 보일수가 있습디까!
나의 온몸에는 티끌만 한 허위도 없습디다.
나의 몸은 전부가 바로 주장입디다. 자유입디다.

허술하게 출발한 〈민족일보〉였지만, 창간한 지 반달 만에 5만 부를 발행하는 등 독자의 큰 호응을 받았다. 당시 정부 기관지인 〈서울신문〉의 발행부수가 2만4천 부였다니, 〈민족일보〉는 요즘의 '나꼼수'보다도 더 인기가 있었던 셈이다. 어용지, 보수지의 "민의(民意) 봉쇄 장난에 증오감을 느끼기 시작한 국민들의 감정을 반영한" 때문이라고 한다.

그러자 곧장 〈민족일보〉는 탄압받는다. 1961년 5·16 군사구데타가 일어난 바로 다음 날인 5월 17일 폐간당하고, 〈민족일보〉의 사장 조용수는 '무분별한 평화통일을 주장해 북한을 이롭게 한' 죄로 기소당해 그해 겨울 사형당했다. 32살의 나이였다.

47년 후인 2008년 재심을 통해 조용수도 무죄 판결을 받았다. 그리고 그의 사후 51년 되는 2012년 12월, 진주의 민족문제연구소 회원들은 '진주 사람 조용수'를 기리는 학술대회를 개최하기도 하였다. 이 학술대회에서 진주의 어느 언론인은 조용수를 이렇게 추모하였다.

"오늘 선배님의 고향 이곳 진주에서, 선배님을 기억하고 추모하는 이 뜻깊은 자리에서 미완의 언론 자유를 반드시 이루어 내기 위해 다짐합니다. 도시에 비해 하루가 다르게 피폐해 가는 농촌의 현실을 고발하며 이 땅에 차별받고 소외된 자들을 가장 가까이에서 조명했던 선배님의 보도정신을 잊지 않겠습니다. 노동자의 권리를 짓밟고 자본 권력에 맹목적 복종을 당연시하는 천박한 사회를 누구보다도 경계했던 선배님의 올곧음을 가슴깊이 새기겠습니다. 남이든 북이든 민족의 분열을 방치하고 평화통일을 저해하는 모든 권력에게 쓴소리를 마다하지 않았던 선배님의 기개를 기억하겠습니다."

〈민족일보〉 조용수도 그러했고, 인혁당 재건 사건의 이수병도 청년의 열정으로 통일을 외쳤다. 그것이 죄가 되어 청년의 나이로 형장의 이슬로 사라졌지만, 그들은 결코 죽지 않고 다시 살아나고 있다 해야 할 것이다.(『신인간』, 2012. 5월호에 실린 글을 보완함)

동학, 만주벌판을 달리다
- 천도교와 조국광복회

천도교에 입교했을 때(포덕 121; 1980) 인상적이었던 것은 이북 출신의
교인들이 눈에 많이 띄었다는 것과, '민족종교', '반공종교' 등의 표어
에서 배어나는 정치적 냄새였다.

분명 동학은 한반도의 남쪽 경주에서 시작하여 남녘 일대에 널리
퍼진 것으로 역사는 기록하고 있다. 그런데 '어떻게 해서 동학 또는 천
도교의 교세가 북한 지역에 퍼지게 되었을까?' 하는 당연한 의문이 생
겼다. 물론 그 의문은 천도교의 역사를 공부하면서 점차 풀렸다.

이북 출신의 천도교인, 이들은 분명 우리 남한 사회에서는 실향민
이다. 유난히 '민족통일'을 강조하는 교단 내의 분위기가 이해되었다.
고향을 그리는 실향민의 심정이 통일에 대한 특별한 강조로 나타났
으리라 여겨진다.

천도교가 동학 이래로 민족종교로 민족의 현실 문제에 깊숙이 관
여했던 전통에서 비롯된 당연한 실천과제로서의 통일에 대한 관심도

있었겠지만, 그보다는 이북에 있는 내 형제, 내 부모를 만나고 고향을 찾아가야겠다는 매우 개인적이며 소박하면서도 절박한 소망 때문에 문제를 제기하고 '민족통일'이라는 슬로건을 인내천 종지만큼이나 소중히 여기고 있음을 알 수 있었다.

또한 천도교를 '반공종교'로 자처하는 교단 내의 분위기를 내심 못마땅해 하면서도 납득은 할 수 있었다. 해방 직후 북한 전역에서 준비되었던 3·1재현운동(통일정부수립운동)이나 영우회 사건, 반공포로 문제 등의 역사적 사실을 접하고는 북한 정권 아래서 신앙생활이나 교회 활동이 어려워 월남할 수밖에 없었던 가슴 아픈 사연도 알게 되었다.

그리고 새삼 반공을 강조할 수밖에 없었던 배경에는 최덕신 전 교령의 월북 사건도 큰 몫을 했으리라 여겨졌다. 교령까지 지낸 사람이 월북한 것은 천도교의 위기 상황으로 간주되었을 터이고, 대한민국 사회에서 온전히 살아남기 위해서 통일을 부르짖되 '반공'을 특별히 전면에 내세워야 했던 것이다.

한편 천도교의 역사와 교리를 조금씩 알아가면서, 현실적으로 내세운 '반공'이라는 슬로건은 천도교적인 것이 못된다는 자각이 생겼다. 그렇다고 천도교가 '용공'이라는 것은 물론 아니다.

무극대도(無極大道)

나는 이 말을 극이 없는, 즉 편향이 없고 편벽됨이 없는 원만하고 큰

도라고 이해하고 있다. 이 말씀을 하신 수운 선생의 뜻에 비추어보면 천도교를 반공종교로 단정하는 것은 무리다. 지기론을 유물-유심론의 지양으로 파악하고 있는 천도교의 교리도 있다. 이러한 이론은 모두 좌익이니 우익이니 하는 극단을 배제하는 논리인 것이다.

일제하의 천도교운동사에서 접할 수 있는 6·10만세운동에서 조선공산당과의 제휴, 신간회운동에서 좌우합작노선, 해방 직후 천도교청우당의 정치적인 행적 등에서 보듯, 그간의 천도교의 역사를 결코 '반공'적인 것이라고 평가할 수는 없다. 더욱이 이 글에서 언급하려는 '조국광복회'라는 주제는 일제를 상대로 한 무장 항일투쟁의 한 부분으로, 함경도 천도교인과 북한 정권의 최고 핵심부와의 협력관계를 다루려는 것이다.

북한 정권의 최고 핵심, 즉 작년(이 글은 1995년에 쓴 것이다)에 사망한 김일성 주석의 동북항일연군 2군 6사와 박인진 도정을 비롯한 천도교인들이 일제시대 당시 함경도 지역에서 이념과 사상, 종교를 초월하여 함께 손잡고 일본군에 대항하였던 역사적 사실을 다루는 것이다.

천도교를 반공종교라는 좁은 틀에 끼워 맞추어서는 도저히 이해될 수도 용납될 수도 없는 일이 공산주의자, 그것도 김일성과 손잡았다는 사실이 아닐까? 이 부분은 남한 천도교 역사에서는 의식적으로 무시되고 금기시될 수밖에 없었다. 따라서 우선 그 객관적 내용을 구체적으로 밝히고 그 평가는 새롭게 이루어져야 할 것이라 믿는다.

나는 이 글을 통해 천도교와 조국광복회의 관계를 우선적으로 다루고자 한다. 그러나 나는 이 글을 통해 천도교가 반공이라는 시대적·사상적 한계를 갖는 속 좁은 종교가 아니라, 민족의 통일을 지향하고 준비하는 통 큰 그 무엇이 되었으면 좋겠다는 희망사항을 지루할 정도로 나열하고 싶다.

도본불기(道本不器), 즉 도는 본래 그릇이 정해진 것이 아니라, 작게 쓰면 물 한방울을 채워도 넘치고, 크게 쓰면 우주를 채워넣어도 넘치지 않는 것이라 하지 않는가.(이 말은 10여 년 전 〈천도교월보〉에 실려 있었다.)

항일무장투쟁과 조국광복회의 결성

만주 지방은 한일합방 직후부터 일제를 상대로 한 무장투쟁의 근거지였다. 해외에 나가 있던 독립운동가들은 만주나 간도, 연해주 등지에 살던 교포 사회를 기반으로 하여 항일단체나 군사교육기관을 설치하고 독립군을 양성하였다. 천도교인들 중에도 신숙, 최동오 등이 만주 지역에서 활동한 것으로 알려져 있다. 이들 독립군들은 만주나 간도에 주둔하던 일본군과 전투를 벌여 일제의 전력을 손상시키거나 국경을 넘어 국내 진공을 시도하였다. 대표적인 사례가 청산리전투와 봉오동전투였다.

그러나 1920년대 중반에 들어서면서부터는 중국 군벌과 합작한 일제의 혹독한 탄압에 밀려 독립운동은 그 무대를 중국 본토로 옮기게 된다. 이청천이 이끈 한국독립군, 양세봉이 이끈 조선혁명군 등은 치열한 항일투쟁을 전개하여 큰 성과를 올렸지만 1930년대 중엽, 중국 본토로 퇴각하게 된다. 그렇다고 해서 만주에서의 무장투쟁이 막을 내린 것은 아니었다.

중국공산당 만주성위원회는 1933년 동북인민혁명군을 조직한다. 동북인민혁명군은 단순한 중국공산당의 무장부대가 아니었다. 즉 이 부대의 주력군은 만주 각지에 흩어져 살던 한국인들이었다. 이들 한인들의 동북인민혁명군 가담은 코민테른(국제공산당)의 일국일당원칙에 입각하여 중국공산당 조직에 가입해 활동한다는 측면과 공동의 적인 일본 제국주의자를 물리쳐 중국과 한국의 해방을 달성하기 위한 전략적 제후의 성격이 겹친 것이었다.

한편 1935년 코민테른 7차대회가 반파쇼인민전술을 정치노선으로 채택함에 따라 동북인민혁명군은 동북항일연군으로 개편된다. 이러한 명칭의 변경에서 항일연군[聯軍], 즉 연합군이라는 표현이 '인민혁명군'이라는 말보다 덜 좌익적이라는 판단에 따른 것이다. 그리고 동북항일연군 제2군의 간부들을 비롯한 만주에서 활동하던 한인독립운동가들은 새로운 통일전선조직으로 '조국광복회'를 결성한다.

1936년 5월 초, 압록강 넘어 중국땅 무송현 동강에서 개최된 조국광복회 결성식에는 장백, 임강, 무송, 안도 등 만주 일대의 한인 대표가 참석하였고, 국내 대표로는 벽동의 천도교 대표와 농민 대표, 온성

지구의 교원 대표와 노동자 대표가 참석하였다 한다.

북측에서는 김일성 자신의 완강한 고사에도 불구하고 조국광복회 창립식에서 참석자들의 열렬한 지지 속에 김일성이 조국광복회장으로 추대되었다 한다. 북한측에서 제시하는 '창립선언문'에는 김동명, 이동백, 여운형 세 사람의 이름이 보이는데 김동명은 김일성의 가명이라고 한다. 일제의 자료에 실린 조국광복회 창립 선언에는 오성륜, 엄수명, 이상준 3인의 이름이 나오고 다음과 같은 구절을 담고 있다.

> 전민족의 계급, 성별, 지위, 당파, 연령, 종교 등의 차별을 불문하고 백의동포는 일치단결하여 구적(仇敵) 일본놈과 싸워 조국을 광복시킬 것. … 돈 있는 자는 돈을, 양식이 있는 자는 양식을, 기술과 재지(才智)를 가진 자는 그것으로 봉공(奉公)하여 2천 3백만 민중이 일심동체로 반일 광복전선에 총동원될 때만 놈들은 대타격을 받고 우리들의 신성한 민족적 독립 해방은 완수될 수 있는 것이다.

또한 결성식에서는 기관지로 「3·1월간」을 발행하기로 결정하고, 당면한 정치적 과제를 요약한 '10대 강령'을 발표하였다.

조국광복회 조직은 주로 동북항일연군 2군 6사가 중심이 되어 1936년 연말부터 본격화된다. 1936년 12월에 박달이, 김일성, 위증민(중국인)을 만나 국내 조직을 명령받았다. 그는 박금철 등과 함께 갑산공작위원회를 조직한다. 그리고 1937년 2월에는 재만한인 조국광복회 장백현 공작위원회를 조직했다. 그 후 만주의 장백 일대와 국내로 조국광복회 조직은 계속적으로 확대된다.

당시 불확실한 일제 측 자료에 의하더라도 갑산·혜산·호인·신갈파·삼수·함흥·원산·무산·성진·길주·명천·신의주·동흥·후창 등의 지역으로 확대되어 갔으며 이외에 풍산·회령·온성·나진·부령·청진·경성·주을·신흥·영흥·단천·북청·홍원·철원 등지에도 조직이 이루어졌다 한다.

조국광복회에 대한 평가는 다양하다. 어떤 연구자는 동북항일연군이나 조국광복회의 활동을 항일운동이 아니라 마적이나 공비떼의 약탈, 만행, 행패에 불과했다고 단언한다. 어떤 연구자는 조국광복회의 조직이 만주쪽 장백현과 국내의 갑산군에만 한정되어 있었고 그것이 유일한 조직 실체였다고 한다. 또 다른 연구자는 동북항일연군과 조국광복회가 상대적으로 최강의 항일 역량을 지니고 있었으나 그 활동이 일제의 강고한 국내 탄압 체제로 인해 지역적으로 한정되어 있었다고 평가한다. 반면 북한에서는 1948년 9월에 채택된 북한 헌법의 근원을 조국광복회 10대 강령에 둘 정도로 조국광복회 활동을 우리나라 민족해방운동의 가장 커다란 줄기로 극찬하고 있다.

박인진 도정 중심으로 천도교인 참여

조국광복회의 조직은 만주쪽 장백현의 한인과 압록강 한국쪽인 갑산 군 주민 사이에 빠른 속도로 확대되어 갔다. 당시 만주의 장백현과 함 경남도 내의 천도교인들도 조국광복회 조직에 적극 가입하였다.

당시 조국광복회를 통한 항일운동에 적극 참여한 함경남도 일대의 천도교를 지도했던 분은 앞서 언급했던 박인진 도정이었다.

1936년 11월 박인진 도정은 천도교인으로서 동북항일연군의 유격 대원으로 활동하고 있던 이창선을 통해 장백현 왕가골에서 동북항일 연군 정치공작원 김재범을 만났다. 이 자리에서 박인진 도정은 항일 유격대와 제휴하여 조국광복회 활동을 같이 할 것을 권유받고, 개인 적으로는 조국광복을 위한 인민전선을 결성하는 것과 유사시에 자신 의 휘하 교도와 항일유격대가 함께 행동하는 것을 찬성하지만 자신 이 천도교 전체의 의사를 대변할 수는 없다고 말했다 한다.

그리고 1936년 12월 백두산 밀영(비밀아지트)에서 박인진 도정은 김 일성과 만난다. 조국광복회의 기관지인 「3·1월간」 창간호(1936.12)에 는 "천도교 상급 수령 모씨 우리 광복회 대표를 친히 방문"이라는 제 목의 기사가 아래와 같이 실려 있다.

··· 천도교 ○○위원 모씨는 비등하는 애국의 열정을 가지고 친 히 우리 대표 김일성 동지를 방문했다고 하는데, 이 양씨의 고

명한 정치적 의견 교환에 관한 내용은 아직 알려진 바 없으나 간접적으로 들은 소식에 의하면 전기(前記) 모씨는 개인적으로 우리 광복회의 정강과 모든 주장에 대해서 찬성을 표시하고 아울러 천도교 청년당원 일백만을 한국 독립 전선에 출동시킬 의향을 명시하여 장차 우리 광복회와의 보다 긴밀한 연락을 취할 것 등을 굳게 약속하였다고 한다.(여기서 말하는 모씨는 바로 박인진 도정임)

그 후 1936년 12월 24일 인일기념식에 참가하기 위해 서울에 간 박인진 도정은 최린을 만나 조국광복회 결성에 대해 설명하고 참가를 제의한다. 그러나 최린은 "김일성 등의 주의는 천도교의 주의에 반하는 것이기 때문에 제휴할 수 없다."고 말했다 한다.

이렇게 되자 박인진 도정은 서울의 천도교중앙총부와 별개로 함경도 지방의 교인들과 조국광복회 활동에 나서게 된다. 조국광복회와 제휴할 수 없다고 한 최린의 말은 박인진 도정이 '혜산 사건'으로 체포되어 일제의 감옥, 혹독한 고문 속에서 진술한 것이다. 그러나 이는 천도교단을 보호하기 위해, 사건 확대를 바라지 않았던 박인진 도정의 계산적인 진술이었을 것으로 필자는 판단한다.

서울에서 압록강 건너 중국땅 장백으로 돌아온 박인진 도정은 함경도와 만주 일대의 천도교인들을 결속시켜 1937년 4월 5일 천일기

넘일을 계기로 천도교종리원 대표회의를 연다.

이 회의는 장백현 천도교종리원 원장 이전화의 집에서 진행되었으며 갑산·풍산을 비롯한 8개 종리원에서 11명의 대표가 참석하였다. 이 회의에서 박인진 도정이 최린과의 면담 결과를 전달하고, 젊은 교인들을 항일유격대에 보내는 문제, 항일 무장투쟁을 지원하는 문제 등을 토의하고 조국광복회에 적극 참가하기로 합의하였다 한다. 당시 박인진 도정이 이러한 회의를 진행할 수 있었던 것은 그가 살아온 경력과 밀접한 관계가 있었다.

박인진 도정은 1887년 함경남도 허천군 하농리에서 출생하여 1905년 천도교에 입교하였다. 1913년 풍산군으로 이사하였고, 1919년 3·1운동 때 천도교인들을 이끌고 풍산읍에 들어가 만세를 부르다 체포되어 서울 서대문형무소에서 3년간 감옥생활을 했다. 출옥 후 압록강 일대에서 독립군과 함께 활동하다가, 1927년경 가족들과 함께 풍산군 천남면으로 이사를 한다. 이곳에서 청소년들을 대상으로 야학을 운영하고, 인근의 반일 지하조직과 손잡고 항일활동을 전개하였다. 또한 1931년 5월에는 청년 제자들로 하여금 이곳에 천도교청년당 지부를 결성하게 한다.

1932년에 도정으로 선임되어 갑산·풍산·삼수를 비롯한 영북 여러 개 군의 종리원을 관할하게 된다. 그리고 1934년 8월에는 일본 경찰의 감시를 피해 국경을 넘어 중국땅 장백현 신흥촌으로 자리를 옮겼다. 그 후 조국광복회 활동을 전개하다 1937년 10월 혜산 사건 때 일본 경찰에 체포되어 악랄한 고문으로 위가 터져 가석방되었다가 1939년 3월 16일 53세의 나이로 순국하였다.

장백현에서의 천도교종리원 대표회의 전후로 함경남도 일대에서는 천도교인들이 중심이 되어 빠른 속도로 조국광복회 지부가 결성되기 시작한다. 장백현에서는 1936년 11월경에 천도교 종리원장 이전화와 세 아들, 며느리를 비롯한 거의 모든 교인들이 조국광복회에 가입하였다.

1937년 4월 중순 박인진 도정은 장백에서 혜산 지방으로 나와 조국광복회 혜산지회를 결성한 후, 5월에는 갑산군으로 자리를 옮겨 갑산군 종리원장을 책임자로 하여 조국광복회 갑산지회를 조직한다. 그리고 1937년 6월에는 삼수군에 조국광복회 지회가 결성된다.

풍산군에서의 조국광복회 활동은 거의 천도교에서 도맡아 했는데, 박인진 도정의 지도하에 있던 천도교청년당 풍산군 대표였던 이경운의 역할이 컸다. 이경운은 본래 천도교청년당원이었던 이창선의 권유로 1936년 12월 조국광복회에 가입하였다. 그는 1937년 3월 조국광복회 풍산지회를 결성하고, 천도교 조직망을 통하여 풍산군의 여러 면에 분회를 조직하였다. 그리하여 풍산군에서만 수백 명의 천도교인들이 조국광복회에 가입하였다.

천도교인들이 중심이 된 조국광복회 활동에 대한 더 많은 기록이나 정보가 있으리라 예상되지만, 글쓰는 이의 부족한 정성으로 해서 더이상 덧붙일 게 없음이 안타깝다. 특히, 조국광복회 결성식 당시에 벽동에서 천도교 대표가 참석했다고 앞에서 언급한 바 있다. 그렇다면 벽동, 즉 평안북도 지역에서도 천도교인들의 조국광복회 활동이 있었으리라 생각된다.

함경도 지역에서의 조국광복회와 천도교의 관계는 혜산 사건에 대한 일본 경찰, 법원의 기록에 남아 있기에 그 윤곽을 짐작이나마 할수 있다지만, 평안도 지역은 그렇지가 못하다. 평안도 출신 교인들의 증언을 기대해 본다. 그리고 조국광복회 활동에 직접·간접으로 관계하였던 함경도 출신 교인들이 있다는 말을 들은 바 있다. 이분들의 증언 또한 기대해 본다.

천도교인들의 항일무장투쟁 지원 활동

조국광복회에 관여한 천도교인들은 항일무장투쟁을 지원하는 활동을 전개하게 된다. 아무리 근거지가 중국 땅이고 산림이 울창한 백두산 일대라 하지만, 연속적이고 가혹한 일제의 토벌이 진행되는 상황에서 항일무장부대가 제대로 활동을 한다는 것은 여간 어려운 일이아니었다.

당시 일제는 무장독립군에 대한 계속적인 토벌과 함께 집단부락정책으로 한 톨의 쌀, 한 홉의 소금, 한 치의 천조각이라도 독립군의 손에 들어가지 못하도록 감시하였으며, 식료품과 생활필수품의 판매와 수송을 엄격히 통제하는 한편 독립군과 연계하는 것을 발견하면 현장에서 무참히 학살하고 그 마을을 불태워 버렸다. 이런 조건에서 무장독립군에 대한 지원 활동은 목숨을 희생할 각오를 해야 하는 어려운 일이었다.

풍산, 갑산 등지의 천도교인들은 쌀, 솜버선, 광목, 의약품, 밀가루, 감자가루, 양복, 신발, 문방구 등 독립군의 전투 활동에 필요한 물자들을 조직적으로 마련하고 지원하였다.

이러한 물질적 지원 활동과 함께 항일투쟁을 군사적으로 지원하기 위한 활동도 적극 벌이게 된다. 그것은 적정에 대한 정찰―경찰관 주재소, 면사무소 등 일제 통치기관의 위치를 상세히 기입한 시가약도 등의 정보 제공 등―, 유격대원에 대한 신변 보호와 숙식 제공 등의 활동 여건 보장, 부상자와 허약자의 치료 보호 등 다양한 것이었다.

당시 무장투쟁 전선에는 체력적으로 완강한 많은 청년들이 유격대원으로 참여하였다. 삼수, 갑산, 풍산 등지에 많은 천도교 청년들도 무장 항일투쟁의 대열에 참여하게 된다. 앞서 몇 차례 언급된 바 있는 이창선, 이경운 등이 좋은 예이다.

천도교는 북부 지방에 교세가 집중되어 있었는데 우수한 청년교인들을 선발하여 항일 유격대에 보냄으로써, 무장투쟁에서 가장 중요한 인적자원을 공급하는 역할을 담당하였다. 이것은 천도교에 입교한

청년들의 의식구조상 당연한 일이라 할 것이다. 당시 조사에 의하면 천도교(청년당) 입교의 목적을 '민족주의 수행, 조선독립 후의 특전적 지위 획득'이라고 말한 사람이 전 조사 대상자의 45%나 되었다 한다.

한편 풍산 지역의 천도교인들은 생산유격대를 조직하기도 한다. 생산유격대란 '평상시에는 생업에 종사하다가 유사시에는 군사 활동을 수행하는 전위적 실행기관'으로 반(半)군사조직이었다. 이러한 상황을 당시 일제 관헌은 다음과 같이 기록하고 있다.

> 이경운은 그 후 항일연군 제6사 제7단에 입대하고 삼수, 갑산, 풍산군내의 천도교당원들을 획득하여 항일인민전선의 결성과 함께 생산유격대를 조직하라는 지령을 받고 이후 그의 실행에 광분하였으며 드디어 풍산군내 천도교청년당원 수명을 가지고 조국광복회를 조직함과 동시에 생산유격대를 조직하는 데 이르렀다.

혜산 사건과 조국광복회 조직의 파괴

앞서 언급한 바 있는 동북항일연군의 제1로군 제2사, 4사, 6사 간부회의가 1937년 3월 열렸다. 각 사장인 조아범(중국인), 주수동(중국인), 김일성 등이 참석하여 국내 진출을 논의했다. 이 회의는 일제의 한만 국경 지대 방어망을 돌파하기 위해 국내의 조국광복회 조직과 긴밀한 연대를 할 수 있는 보천보 방면을 주요 타격 방향으로 하되 일제의 국경 경비를 혼란시키는 보조 타격 작전으로 함북 무산 공격을 병행할 것을 결정하였다.

주수동의 제4사는 무송-안도-화룡을 거쳐 1937년 5월 15일 밤에 함북 무산군의 한 마을로 쳐들어가 주재소(지서)를 파괴했다. 김일성의 제6사는 무산에서의 행동을 통보받고 6월 4일 밤, 100여 명이 강을 건너 건너쪽에서 조국광복회 청년 80여 명과 합류하여 보천보 보전을 공격했다. 보전은 일본인 26호, 조선인 280호, 중국인 2호 합계 308호인 소읍으로서 주재소에는 5명의 경관이 있었다. 이 주재소를 비롯하여 면사무소, 산림구, 우체국, 관공서 건물들이 김일성이 이끄는 제6사의 공격으로 불 타버렸다. 보천보 작전을 성공리에 마친 제6사는 장백으로 일단 철수했다가 제4사, 제2사의 도착을 기다려 간삼봉으로 이동했다. 그 사이 국경 침입 사건으로 초조해진 일본군은 함흥의 제74연대를 출동시켜 토벌전을 시도했다.

그러나 조국광복회 신갈파지회를 통해 미리 적정을 파악하고 있던 항일연군은 1937년 6월 30일 간삼봉에서 제2·4·6사의 연합군 약 500여 명의 병력으로 이들과 싸워 다수의 적을 살상하고 허다한 군수품을 노획하는 승리를 거두었다.

보천보 전투 이후 일제는 한만 국경 일대의 경비를 강화하고, 동북항일연군에 대한 토벌작전을 전개하는 한편, 국내 조국광복회 조직에 대한 대대적인 탄압을 시작한다. 1937년 9월부터 10월에 걸쳐, 보천보 작전에 참가했다가 다시 지령을 받고 혜산읍에 잠입했던 3인이 체포된 것이 단서가 되어 관련자가 드러나 국내에서 164명이 11월 중순까지 검거됨으로써 조국광복회 조직은 치명적인 타격을 입는다. 그 후 검거자는 확대되어 총인원 739명에 이르게 되었다. 이 검거 사건을 일명 혜산 사건이라 한다. 일본경찰이 붙인 공식적인 명칭은 '중국공산당 조선 내 항일인민전선 결성 및 일지(日支)사변 후방교란사건'이다.

박인진 도정을 비롯한 많은 천도교인들이 이 사건에 연루되어 검거되었다. 박인진 도정이 감옥에서 희생되었음은 앞서 언급하였다. 특이한 점은 혜산 사건으로 서울의 천도교청년당 간부들이 검거되었다가 최린의 후원으로 풀려났다는 것이다. 1935년 8월 이후 비합법화되어 있던 천도교청년당과 조국광복회와의 조직적인 연결을 단정할 수 있는 단서는 아직 없다. 다만 천도교청년당의 비밀 지하조직이었던 오심당원의 검거 사건(1934년 9월) 당시 함경도 지역의 조직은 노출되지 않았던 점에 유의할 필요가 있다. 또한 '천도교 청년당원 일백만을 한국독립전선에 출동시킬 것이라 했다.'는 박인진 도정에 대한 조국광복회 기관지「3·1 월간」의 기사도 참고할 만하다.

이러한 상황을 고려한다면 최소한 함경도 지방의 천도교 청년당원들이 조국광복회 활동에 '조직적으로' 참여했다고 추정할 수 있겠다.

맺는말

글을 쓰면서 나는 이 글이 과연 『신인간』에 제대로 실릴 수 있을까를 걱정했다. 1978년(포덕 119) 춘천교구의 이도천 교구장이 통일을 염원하는 일념으로 분신했던 사건도 떳떳이 수용 못하는 편협한 교단 분위기가 염려스러웠던 것이다.

1994년에 동학혁명백주년기념사업회에서는 『동학혁명백주년기념논총』(상·하)을 간행한 바 있다. 하권의 '통일운동과 천도교'라는 항목에는 통일선언서, 호소문 등 1970년대 이후 천도교의 통일운동 관련 자료를 수록하고 있다. 그러나 알짜배기는 빼고 있다.

1978년 8월 5일 휴전선 근처에서 통일을 염원하며 산화한 이도천 교구장에 관한 기록은 어디에도 없었다. 통일이 한갓 선언서나 호소문으로 이루어진다고 생각하는 것은 아닌지 의심스러웠다. 목숨을 바쳐 통일을 호소한 사건도 제대로 기록하지 못하는 그런 정신으로 어떻게 통일을 이야기할 수 있을까!

1978년 당시에야 워낙 유신 독재가 기승을 부렸기에 이도천 교구장의 분신 사건은 어떤 미치광이의 장난 정도로만 보도되었다 치자. 역사적인 동학혁명 백주년을 맞이하여 발행한 기념논총에 선언문이나 호소문 따위는 수록하면서 이도천 교구장의 분신 사건은 일언반구 언급도 하지 못하는 천도교! 부끄럽게도 천도교에서는 '통일'을 누구보다도 많이 또 자주 외치기는 하지만 결코 '통일적'이라고는 여겨

지지 않았다. 우리가 명심해야 할 것은 '통일하자'는 것은 분명 '공산주의자인 북한과 손잡고 하나가 되어 잘 살자.'는 것을 뜻한다는 사실이다. 통일이 결코 일방적인 '짝사랑'이거나 폭력을 수반하는 '강간'일 수는 없다는 사실이다.

이념과 사상을 뛰어넘어 공산주의자와 손잡고 일제에 항거했던 박인진 도정을 비롯한 함경도 지방의 천도교인들에게서 우리는 어떤 분단의식도 찾아 볼 수 없다. 그 행동, 그 사상은 이미 통일을 지향하는 우리의 영원한 사표이다. 냉전시대에는 서슬퍼런 반공의 칼날이 무서워 찍소리 못하고 숨겨 왔던 역사, 그러나 통일을 준비하는 오늘에는 당당하게 드러내놓고 그 역사적 의미를 곱씹어야 할 것이다.

이 글은 글쓰는 이의 정성 부족으로 인해서 많은 한계를 가지고 있다. 더 많은 자료를 모아 글을 써야 했음에도 그러지 못했고, 조국광복회에 직접·간접으로 간여하였던 분들의 증언도 들어보아야 했음에도 그러지 못했다. 앞으로 다른 분의 보다 나은 글을 기대해 본다.

(『신인간』, 1995.12)

〈추신〉 위의 글은 약 20년 전에 발표한 것으로 『사회와 사상』(1988.11-12)에 실린 와다 하루키의 '김일성과 만주의 항일무장투쟁'이란 글을 주로 참고하였다. 당시 미처 다루지 못한 몇몇 사실을 덧붙인다.

1. 평안도 벽동의 조국광복회 조직에 관계하였던 강제하(康濟河, 1891~?)
와 그의 아들 강병선. 강제하의 본관은 신천(信川)이고, 기수(記守) 또
는 필성공(必成功)이라고도 부른다. 1891년 평안북도 창성(昌城)에서 태
어나 일찍부터 항일 민족운동에 주력, 1919년 4월 1일 만세운동에 참
여한 뒤 중국으로 망명하였다. 만주 지역에서 대한독립청년단, 대한
통의부(大韓統義府), 정의부(正義府) 등의 독립운동단체에서 활동하였다.
그리고 강제하는 화성의숙에서 숙감으로 천도교 이념을 가르쳤다.
바로 그 시기 화성의숙의 숙장은 최동오(崔東旿)였다.

이때 강제하의 아들 강병선도 이 학교에서 학생으로 함께 생활하였
다. 특히 당시 화성의숙에는 김일성도 함께 공부하였다. 화성의숙은
숙장과 숙감이 천도교인이었던 관계로『동경대전』와『용담유사』를
가르쳤는데 학생 대부분이 줄줄 욀 정도였다. 김일성과 강병선은 함
께『개벽』에 실린 글을 읽고 독후감을 서로 나누어 보기도 하였으며,
동학의 지위와 교리에 대한 문제를 가지고 논쟁을 하기도 하였다. 강
병선은 1930년대 후반 평안북도에서 조국광복회 하부조직을 만드는
데 적극적으로 활동하였다. 그는 1930년대 전반기는 무송현(撫松縣)에
서 무장투쟁을 하였으며, 후반기에는 조국광복회 정치공작원으로 활
동하다가 일경에 피검되어 옥중에서 순국하였다.

2. 한원빈(1905~1986). 평안남도 평양 출생. 1930년 천도교인이 중심이

되어 조직한 농민운동 단체인 조선농민사(朝鮮農民社)에 가입하여 알선 부장 겸 조사출판부원으로 이 단체의 기관지인 『농민』을 편찬, 간행 하였다. 1932년 조선농민사의 상무로 근무하였다. 이때 『농민』에 독립사상을 고취하는 글을 게재하였다가 필화사건을 일으켜 사직하고 만주로 건너갔다. 장백현(長白縣)에서 천도교인을 중심으로 항일 비밀 결사인 조국광복회(祖國光復會)를 결성하고 한중연합의 반만항일운동 (反滿抗日運動)을 전개하였다. 1940년 2월 일본경찰에 붙잡혀 같은 해 10월 20일 신의주지방법원에서 징역 3년 6월을 선고받고 복역하였다. 1980년 건국포장을 받았고 1990년 애국장에 추서되었다.

3. 이인모(1917~2007), 강철원, 박문철. 이인모는 함경도 풍산 출신이다. 비전향장기수로 남쪽에서 오랫동안 복역하다 1993년 북한으로 송환되어 북에서는 '신념과 의지의 화신'으로 추앙되기도 하였다. 이인모는 젊은 시절 천도교 청년당원이며 조국광복회 조직원이기도 하였던 이창선과 결의형제를 맺었던 사이로 둘 다 박인진 도정이 키웠던 제자였다고 한다. 강철원은 강제하의 후손, 박문철은 박인진 도정의 후손으로, 북한의 천도교청우당의 간부로 2000년대 들어 여러 차례 남한을 방문하여 남쪽의 천도교인들과 교류하였다. 안타깝게도 두 분모두 최근 환원한 것으로 알려졌다.

동학의 비결

등록 1994.7.1 제1-1071
1쇄 발행 2015년 7월 20일

지은이 심국보
펴낸이 박길수
편집인 소경희
편 집 조영준
디자인 이주향
관 리 위현정
펴낸곳 도서출판 모시는사람들
110-775 서울시 종로구 삼일대로 457(경운동 수운회관) 1207호
전 화 02-735-7173, 02-737-7173 / 팩스 02-730-7173

인 쇄 상지사P&B(031-955-3636)
배 본 문화유통북스(031-937-6100)
홈페이지 http://modl.tistory.com

값은 뒤표지에 있습니다.
ISBN 978-89-97472-95-6 03900

이 도서의 국립중앙도서관 출판예정도서목록(CIP)은 서지정보유통지원시스템 홈페이지
(http://seoji.nl.go.kr)와 국가자료공동목록시스템(http://www.nl.go.kr/kolisnet)에서 이용하
실 수 있습니다.(CIP제어번호: 2015005964)